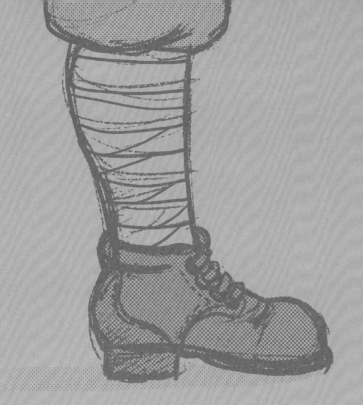

KB191597

박시백의 일제강점사 35년

1

박 시 백 의   일 제 강 점 사

35년

1

1910──1915

식 민 지   무 단 통 치

임진왜란이 발발하고 일본군이 파죽지세로 북상해오자 선조는 도성을 버리고 피난길에 올랐다. 평양을 거쳐 의주에 다다른 선조는 압록강을 건너 요동으로 망명하고 싶어 안달하는 모습을 보였다. 그런데 이순신 장군과 의병들의 분전, 그리고 명나라의 원군 파병으로 전세가 뒤바뀌더니 결국 일본군이 물러났다. 제 한 몸 살기에 급급한 모습을 보였던 선조는 왕으로서의 권위와 체면을 되살리기 위해 꼼수를 냈다. 일본군을 패퇴시킨 것은 오로지 명나라 군대의 힘이요, 조선의 군대가 한 일은 거의 없다고 임진왜란의 성격을 규정한 것이다. 그 결과 일본군에 맞서 싸운 장수들보다 명나라에 가서 구원병을 요청한 신하들의 공이 더 높아지게 되었다. 선조를 호종해 의주까지 피난했던 신하들이다. 자신을 호종한 신하들의 공이 높아지니 그 중심인 선조 역시 더 이상 부끄러워하지 않게 됐다.

어려서 비슷한 이야기를 들은 적이 있다. 8·15 해방은 오로지 미군의 덕이요, 원자폭탄 덕이지 우리가 한 일은 아무것도 없었다는…. 선조처럼 공식화하지는 않았지만 선조와 비슷한 처지에 놓이게 된 누군가가 그런 이야기를 만들고 널리 퍼뜨린 것이라고 짐작해볼 수 있다.

결론부터 말한다면 일제 강점 35년의 역사는 부단한, 그리고 치열한 항일투쟁의 역사다. 비록 독립을 가져온 결정적 동인이 일본군에 대한 연합군의 승리임을 부정할 순 없지만 그렇다고 우리가 한 일은 아무것도 없다는 식의 설명은 무지 혹은 의도적 왜곡이다. 자학이다. 우리 선조들은 한 세대가 훌쩍 넘는 35년이란 긴 세월 동안 줄기차게 싸웠다. 나라를 되찾기 위해 기꺼이 국경을 넘었고 필요한 곳이라면 어디든 갔다. 삼원보, 룽징, 블라디보스토크, 이르쿠츠크, 모스크바, 베이징, 상하이, 샌프란시스코, 호놀룰루, 워싱턴, 파리…. 총을 들었고, 폭탄을 던졌으며, 대중을 조직하고 각성시켰다. 그 어떤 고난도, 죽음까지도 기꺼이 감수했다. 그들이 있어서 일제 식민지 35년은 단지 치욕의 역사가 아니라 자랑스러움을 간직한 역사가 되었다.

시대의 요구 앞에 고개를 돌리지 않고 응답했던 사람들, 그들의 정신, 그들의 투쟁을 우리는 기억해야 한다. 그것이 모든 것을 내던지고 나라를 위해 싸웠던 선열들에 대한 최소한의 도리이리라. 마찬가지로 우리는 나라를 팔고 민족을 배반한 이들도 기억해야 한다. 일제에 협력한 대가로 그들은 일신의 부귀와 영화를 누렸고 집안을 일으켰다. 나아가 해방 후에도 단죄되지 않고 살아남아 우리 사회의 주류를 형성했다. 그뿐인가, 민족교육인이니 민족언론인이니 현대문학의 거장이니 하는 명예까지 차지했다. 이건 좀 아니지 않나? 독립운동가는 독립운동가로, 친일부역자는 친일부역자로 제 위치에 자리 잡게 해야 한다.

이 책은 일제 경찰의 취조 자료나 재판 기록, 당시의 신문 같은 1차 사료를 연구하여 나온 결과물이 아니라 기존의 연구 성과들을 요약, 배치, 정리하여 만화라는 양식으로 표현한 대중서다. 주로 단행본으로 출간된 책들을 참고로 했고,

《친일인명사전》(친일인명사전편찬위원회)과 독립기념관 한국독립운동정보시스템 자료인 《한국독립운동의 역사》(한국독립운동사편찬위원회) 60권을 기본 텍스트로 삼았다. 그 밖에도 한국민족문화대백과, 우리역사넷을 비롯해 인터넷 자료의 도움을 많이 받았다. 공부도 부족했지만 공부하는 방법도 미숙해 담아내야 할 내용을 제대로 담아냈는지 걱정이 앞선다. 이후 독자 여러분과 전문가들의 지적을 받아가며 오류를 수정하고 부족한 부분을 채워나갈 생각이다.

한상준 대표와 편집자, 디자이너 등 비아북 출판사 관계자 외에도 일선에서 역사 교사로 재직 중이신 차경호, 남동현, 정윤택, 박래훈, 김종민, 박건형, 문인식, 오진욱, 김정현 선생님 등 아홉 분의 선생님들이 본문 교정과 인물 및 연표 정리 등으로 큰 도움을 주셔서 이 책이 나올 수 있었다.

가급적 더 많은 독립운동가들과 친일부역자들을 알려야 한다는 사명감이 책의 내용을 딱딱하게 만든 듯도 싶다. 독자들의 양해를 바라며 부디 이 책이 일제강점 35년사와 그 시대를 살았던 사람들을 바로 알리는 데 작은 보탬이 되었으면 한다.

2017년 12월

《35년》1권을 출간한 지 7년 만에 개정판을 출간한다. 《한국독립운동의 역사》, 《친일인명사전》 등의 참고문헌과 '독립운동인명사전', '한국역대인물 종합정보시스템' 등 국가기관에서 제공하는 데이터를 기반으로 최대한 오류를 잡기 위해 노력하였고, 현직 역사 교사 9명이 편집위원으로 참여해 교정 작업을 진행했지만 가벼운 오탈자부터 인명, 생몰 연대 등에서 몇 가지 오류가 있었다. 그림 고증의 오류 또한 더러 있어 개정판에서 바로잡았다. 아울러 오랫동안 보관하고 읽을 수 있도록 파손이 적고 소장가치가 있는 양장본으로 바꿨다.

최근 들어 일제강점사와 관련된 논란들이 뜨겁다. 책임 있는 자리에 있는 이들이 공공연히 일제강점사를 긍정하거나 사상의 덧칠을 하여 독립운동가들을 폄훼하는 일들이 벌어지고 있다. 후손으로서 바른 역사 인식이 어느 때보다도 중요하게 부각되는 오늘, 이 책이 작은 도움이 되기를 바란다.

2024년 9월

1 | 1910 ── 1915
식 민 지 무 단 통 치

사라예보

제1차 세계대전 : 사라예보사건

사라예보에서 울린 총성은 제국주의 열강 간의 갈등을 폭발시키며
제1차 세계대전을 가져왔다. 탱크, 잠수함 등 신무기가 등장했고,
국가의 모든 인력과 물자가 총동원되는 총력전이 펼쳐졌다.

신해혁명 : 후베이 군정부 창립 선포

1911년 10월 우창에서 신군 봉기가 일어난다.
쑨원이 임시대총통으로 추대되었고, 1912년
아시아 최초의 공화국인 중화민국이 수립되었다.

| 우리는 | **1910** | 국권피탈 | **1911** | 105인사건 | **1912** | 토지조사령 |
| 세계는 | | 멕시코혁명 | | 신해혁명 | | 다이쇼 데모크라시 |

1910년대 전반, 세계는

우창

도쿄

다이쇼 데모크라시 : 제1차 호헌운동

1905년 러일전쟁의 강화조약에 반대해 시민운동이
일어나고, 1913년 제1차 호헌운동으로 제국주의
색채가 약화되며 민주화로 나아갔다. 1914~1918년
지방 중소도시에서는 중간 계층 중심으로 보통선거가
요구됐다.

	흥사단 조직		대한광복군 정부 수립		대한광복회 조직
1913	위안스카이 대총통 취임	**1914**	제1차 세계대전 발발	**1915**	21개조 조인

메이지유신 후 일본 정계의 주도 세력은 조슈번과 사쓰마번 출신들이었다.

메이지유신의 주도 세력이었던 그들은 이후 번벌(藩閥)을 이루어 제1차 세계대전까지의 일본 정계를 주도했다.

특히 육군은 우리 조슈번이

해군은 우리 사쓰마번이 완전 장악했지.

심지어 현재까지도 이들 양 지역 출신들의 영향력이 막강하답니다.

아베 전 총리는 옛 조슈번 출신

고이즈미 전 총리 가문은 옛 사쓰마번 출신

초기 정국을 주도한 인물은 조슈번 출신의 이토 히로부미.

그는 조슈번과 사쓰마번의 균형에 무척 신경을 썼다.

1대 총리는 조슈번 출신인 나 이토님이

2대 총리는 사쓰마번의 구로다

3대는 조슈번의 야마가타

4대는 사쓰마번 마쓰가타

5대는 다시 나 이토님이 흥흥

일러두기

❖ 대사의 경우 현장감을 살리기 위해 외래어표기법이나 표준어에서 예외적으로 표기된 경우가 있다.

❖ 연도의 경우 대부분 《한국독립운동의 역사》(한국독립운동사편찬위원회) 제60권 《한국독립운동사 연표》를 기준으로 표기했다.

그런데 이토 히로부미의
가장 강력한 라이벌은
사쓰마번이 아닌 조슈번 출신이다.

누구냐, 넌?

암시롱

일본 육군을 이끄는 인물로 제3대 총리를 지낸
야마가타 아리토모다.

일본 육군의 아버지,
군국주의의 아버지라고도
불리지.
징병제를 도입했고
교육칙어, 군인칙유 등을
주도했다네.

이토는 네 번, 야마가타는 두 번
총리를 지냈고

I대, 5대,
7대, I0대

3대, 9대

훗~
나의 승리.

과연
그럴까?

이후 그들의 대리인 격인 가쓰라 다로와
사이온지 긴모치가 번갈아가며 내각을 구성했는데
이때를 교번정치 시대라 부른다.

제1차 가쓰라 내각
→ 제1차 사이온지 내각
→ 제2차 가쓰라 내각
→ 제2차 사이온지 내각
→ 제3차 가쓰라 내각
(1901년 6월~1913년 2월)

가쓰라는 야마가타의,

사이온지는 이토의
후계자 격인 인물.
하지만 제2차 사이온지
내각 때엔 이미

야마가타 측이 정국을 완전히 주도하고
있었다.

러일전쟁 이후론
군부를 대신할 세력이
없었다고 봐야지.

게다가
이토도 죽고 ♪

조선 통감으로 있다가 초대 총독이 되는
데라우치 마사타케 역시 야마가타 세력의 적자 격인 인물.

다만 이 시기 민권운동이 성장하면서
민주주의에 대한 요구가
확산되고 있었다.

民權!!

보통선거
실시하라!

1912년
메이지 천황이 죽고

으

다이쇼 천황이 즉위한다.

대체로
엘빵하다는
평.

정당정치도 제법 모습을 갖춰나가게 되고

일본 민중들의 요구도 커져나가는 이 시기의 변화를
다이쇼 데모크라시라 부른다.

이즈음 중국엔 격랑이 일었다.

아편전쟁 이래
격랑이 일지 않은
때도 있었던가?

1901년 리훙장이 죽자

위안스카이가 후임으로 앉아 막강 실력자로 자리 잡는다.

직례총독, 북양대신을 이어받았고 직속의 신식 군대까지 맡아키웠지. 누가 감히 나를 건들쏜가?

1908년 광서제가 죽고 조카인 푸이가 세 살의 나이로 황제에 오른다.

훌쩍~

나 세살

섭정을 맡은 아비 순친왕은 위안스카이를 제거하려 했고

위안스카이! 이리 같은 자다. 그를 제거하지 않고서는 황실의 안녕을 기약할 수 없어.

ㅇㅇㅇ

낌새를 챈 위안스카이는

톈진(천진)으로 탈출해 조계에 은신했다.

황제의 아비 그자가 감히 나 위안스카이를? .... 두고 보자火

쑨원은 의사 생활을 하다가

1894년 세상을 바꿀 구상을 담은 정치개혁서를 리훙장에게 올렸으나

받아들여지지 않았다.

꾸기잇

정녕 이 나라가 치유될 길은 혁명밖에 없는가?

이후 본격적인 혁명 활동에 뛰어든 그는

혁명을 이룩려면 뭐가 필요한가? 혁명 사상과 이론, 뜻을 함께 할 동지와 조직!

1905년 일본에서 혁명가들을 규합해 중국동맹회를 조직하고 국내외에 지부를 구축해나갔다.

- 만주족 축출!
- 중화 회복!
- 공화국 창립!
- 토지소유 균등!을 내걸었지.

겁나다ㅎ

이후 각지에서 쑨원의 뜻에 공감하는 이들에 의한 자발적인 조직들이 만들어지고

혁명의 뜻에 공감하는 신식 군인들은 봉기를 시도하기도 했다.

만주족 축출

민국 건설

그때마다 참혹한 실패로 끝나곤 했지만

혁명의 기운은
커져만 가더니

마침내 1911년 10월 10일 우창(무창)에서
신군 내 혁명 세력과 중국동맹회가 무장하여 봉기했다.

와

베이징

난징

상하이

광저우

10월 16일로 예정되었던 봉기 계획이 들통나면서
체포 열풍이 일고 정부군은 삼엄한
경계를 폈지만

봉기 세력은 흔들리지 않고
이날 봉기의 깃발을 올린 것이었다.

신군들이 대거 합세하면서

까워줘~

어서 와

봉기군은 우창을 장악한다.

다음 날엔 이웃인 한양,
그다음 날 새벽엔 한커우도
봉기군에게 장악되었다.

혁명군의 봉기 촉구에 40여 일 사이 15개 성이
독립을 선언하고 혁명을 지지하기에 이른다.
신해혁명이다.

나도!

혁명 지지!

독립!

여기도

어떡하지? 저것들을 진압하지 않고
내버려두었다간 온 나라가
혁명군의 손아귀에 넘어갈 판인데,

진압할 수 있는 인물은
아무리 생각해도
위안스카이!
그 자밖에 없으니…

이대로
무너지느냐,
호랑이를 안방에
들이느냐?

결국 위안스카이가 화려하게 복귀한다.

여~
모두들
안녕?

내각총리대신에
군권까지 모두
가졌으니
황실은 허수아비
신세…

위안스카이군은 혁명군을 회유하는 한편

혁명군을 만나
내 뜻도 별반
다르지 않다고
전해.

넵!

휘하 장수들과 부대를 보내 한커우, 한양을 연이어 접수한다.

한편 혁명군은 난징을 임시정부의 수도로 삼고

미국과 유럽을 돌아보고 막 귀국한 쑨원을 지도자로 선출한다.

17개 성 중에서 16개 성의 찬성으로 대총통에 쑨원 선생이 선출되셨습니다.

대총통에 선출된 쑨원이 위안스카이에게 제안했다.

황제가 물러나고 귀하께서 공화정에 동의하신다면 대총통의 지위를 양보하겠소.

위안스카이가 받아들이면서

쿨!

일곱 살의 황제 푸이가 폐위되고

마지막 황제

이민족으로서 중국을 300년간 지배해온 청 황조가 막을 내렸다.

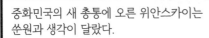

중화민국의 새 총통에 오른 위안스카이는
쑨원과 생각이 달랐다.

공화제?
관심 없어.

그는 거침없이 독재체제를
강화해갔고

언젠가는
황제가 되고
말 테다.

분노한 쑨원은

위안스카이! 넌
혁명의 적이다!

토원 사령부를 조직해 위안스카이 타도를 내걸지만
진압군에 밀려 패퇴하고

껄껄. 상대도
안되는구만.

일본으로 망명한다.

한편 이 시기의 유럽은
긴장 속에 흘러가고 있었다.

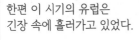

자본의 집적, 집중으로 독점자본주의의 길을 간 열강들은
식민지 확보에 나서고

먼저 먹는 자가
임자!!

세계는 열강들의 영토 분할 경쟁의 장으로 바뀌었다.

이러한 열강들의 제국주의 정책은 민족주의와 결합하면서 국가 간 전쟁의 발생을 예고했다.

가자 세계로! 조국의 영광을 위하여!

뭔가 속는 기분인데. 모르겠당~

예고는 발칸반도에서 현실이 되었다.

발칸반도는 각국의 이해가 서로 얽히면서

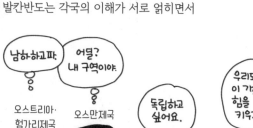

남하하고파.

어딜? 내 구역이야.

독립하고 싶어요.

우리도 이 기회에 힘을 키우자.

오스트리아· 헝가리제국

오스만제국

알바니아 몬테네그로

세르비아

이미 두 차례에 걸쳐 발칸전쟁을 벌인 바 있다.

1차는

오스만제국 VS

WIN

세르비아 불가리아 그리스 몬테네그로

드디어 유럽에서 몰아냈네.

다굴의 힘

2차는

불가리아 VS

WIN

세르비아 그리스 오스만제국

욕심부리다 망했당~

다굴의 힘2

두 차례의 전쟁을 통해 세르비아는 발칸제국의 강국으로 떠올랐고 오스트리아· 헝가리제국은 그런 세르비아를 경계했다.

더 크기 전에 밟아줘야…

게르만을 발칸에서 몰아내야…

1914년 6월 28일, 오스트리아·헝가리제국 왕위 계승자가 사라예보를 찾았다가

세르비아 청년의 손에 암살당한다.

탕탕

이를 빌미로 오스트리아·헝가리제국은 세르비아에 선전포고를 했다.

세르비아! 니는 인제 죽었어. 덤벼 임마!

그러자 러시아가 같은 슬라브계 나라인 세르비아 편에 섰고

누가 내 동생 건드냐?

형!

독일은 같은 게르만 민족인 오스트리아 편에 서서 전쟁에 뛰어들었다.

쫄지마, 형제여! 내가 있잖아.

턱

독일은 벨기에를 침공하더니 이어 프랑스로 진격했고

영국이 독일에 선전포고하기에 이르렀다.

독일! 안 좋은 소식이다. 세계 최강인 우리랑 붙어야겠어.

픽

이 당시 영국, 프랑스, 러시아는
동맹 관계에 있었고

삼국협상

독일, 오스트리아, 이탈리아도 동맹 관계였다.

삼국동맹

이탈리아는 삼국동맹을 탈퇴해
협상국 쪽에 가담했고

웰컴~

오스만제국은 동맹국 진영에 합류했다.

툭

그 밖에도 여러 나라들이
비밀 협상 등을 통해
어느 한편에 가담하면서

전쟁이 끝나면
그 나라가 가진
아프리카 이권의
반을 줄게.

각서
써줄 수
있어?

전쟁은 대전(Great War)으로
불리게 되었다.
제1차 세계대전이
시작된 것이다.

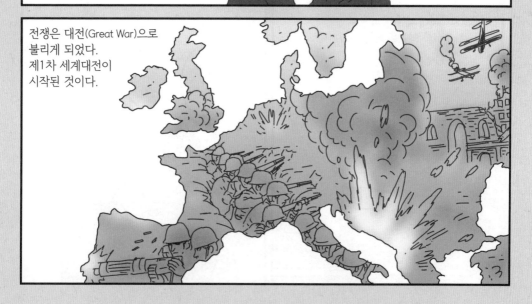

유럽의 대전 소식에
일본은 반색했다.

오홋!
이렇게
좋은 일이!

곧바로
대독일 선전포고를 한 다음

영국은 우리의 동맹국,
영국의 적은 곧 우리의
적인 고로, 독일!
너에게 전쟁을
선포한다!

러일전쟁까지는
너희로부터 전술 교육을
받은 우리지만
어쩌겠어?
국제관계는 본디
냉정한 것이잖아.

독일 점령하에 있던 산둥반도를 점령하고

독일 놈들 세네.
압도적인 병력을
가지고도 힘들게
점령했다는.

남태평양의 독일령 제도들을 접수한다.

장래 태평양
일대를 먹기 위한
포석이라고 할까?

마리아나
제도

마셜
제도

팔라우
제도

캐롤라인제도

이어 지중해에 해군을 파견해 연합국
일원으로서의 역할을 하는가 싶더니

위안스카이를 구슬리고 압박하기 시작한다.

우리랑 한판
뜰 거야?
아니잖아?

좋게 좋게 가자고.
대신 우리가
황제 자리에
오르는 걸
도와줄게.

마침내 약간의 수정을 거쳐
위안스카이의 수락을 받아냈으니
이른바 21개조 요구다.

일본의 대중국 21개조 요구

제1호 산둥 권익
산둥성의 독일 권익 양도와 새 철도 부설권 요구 등 4개 조항
제2호 남만주, 동부 네이멍구에서 일본 국익 우선권
뤼순(여순), 다롄(대련)을 포함한 남만주와 동부 네이멍구에서
일본의 특수 권익 승인 등 7개 조항
제3호 한예핑 공사의 합판(合辦)
한양, 다예, 핑샹 석탄제철회사(한예핑 공사)의
철, 석탄 사업에 관한 이권 이양 등 2개 조항
제4호 영토 불할양
중국 연안과 도서 지역을 외국에 할양하지 않겠다는 조항
제5호 희망 조항
중국 중앙정부의 정치, 재정, 군사 분야에 일본인 고문 초빙,
경찰의 공동 관리, 병기 구입과 철도 부설에 관한 요구 등 7개 조항

쫌 너무했나?
좋아, 그럼 제5호는
빼고 나머지도
살짝 수정해주지.
더 이상은 안돼.

황제에
올라야지.

······
OK.

같은 연합국 진영조차 경악했고

쟤
뭐야?

완전 막가파
아냐?

유럽이 온통
전쟁으로 정신없는
틈을 타서
중국을 날로
먹으려 하네.

중국 민중은 분노했고

말도 안돼!

대총통이
미쳤구만.

왜놈들에게
나라를
팔아?

뒤에 5·4운동으로 이어진다.

경복궁 : 조선물산공진회

일제는 1915년 9월 11일부터 10월 30일까지
병합의 정당성을 선전하고 총독부에 의한 조선의 진보와
발전상을 조선인들에게 홍보하려는 의도로
조선물산공진회를 개최했다.

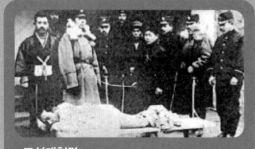

조선태형령

조선총독부는 1912년 조선태형령을 제정하여
조선인들을 가혹한 태형으로 다스렸다.
무단통치를 상징하는 법률로
일본인에게는 적용되지 않았다.

우리는	1910	국권피탈	1911	105인사건	1912	토지조사령
세계는		멕시코혁명		신해혁명		다이쇼 데모크라시

조선총독부

1910년 강제 병합과 함께
일제는 조선총독부를 세워 조선의 식민지화를 밀어붙였다.
한편으론 동화주의를 앞세워 현혹하면서 다른 한편으론
강력한 무단통치를 통해 저항을 억눌렀고 경제 영역까지 장악해갔다.

제복 입고 칼 찬 교원
무단통치 시대에는 교원조차 제복을 입고 칼을 찼다.
겉으로는 동화주의를 내세웠지만 철저한 무단통치로
조선을 억압했음을 보여주는 장면이다.

총독에 의한 통치

1910년 8월 29일, 대한제국은 일본에게 강제로 병합되었고

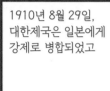

대한제국 황실은 이왕가로 격하되었다.

호칭도 바뀝니다.
전 황제 폐하께서는
창덕궁 이왕 전하로,
전 태황제 폐하께선
덕수궁 이태왕 전하로.

조선 통치는 통감부를 대체해 신설된 조선총독부가 맡게 되었다.

일찍이 조슈번의 스승이라 불리는 요시다 쇼인은 이렇게 말한 바 있다.

지금의 계략으로 말한다면 강역을 튼튼히 하고 조약을 엄격히 하여 그것으로써 두 오랑캐(조선과 중국)를 휘어잡고 기회를 타서 북해도(홋카이도)를 개척하고 류큐를 평정하고 조선을 취하고 만주를 굴복시켜 지나(支那:중국)를 제압하고 인도를 넘보아 그로써 진취의 기세를 떨치고 퇴수(退守)의 기반을 굳혀 진구(神功:일본 제14대 천황의 비)가 다하지 못한 것을 이룩하고 도요쿠니(豊國:도요토미 히데요시)가 미처 이루지 못한 것을 완수하지 않으면 안 된다.

메이지유신 이전에
이미 그는 조선은 물론
만주, 중국, 인도까지
침공할 것을 주장했고

메이지유신의 주역인
이토 히로부미, 야마가타 아리토모,
이노우에 가오루 등을 가르쳤다.

그 사상의 충실한 전수자인
야마가타 아리토모는

수상이 되어 제1회 제국의회에서 다음과 같이 연설한다.

국가 독립과 자위의 길에는 두 가지가
있다. 첫째는 주권선을 지켜 타국의
침략을 허용하지 않는 것이다.
둘째는 이익선을 방어해 자국의
요충지를 잃지 않는 것이다.

무엇을 주권선이라 이르는가?
강토가 그것이다.
무엇을 이익선이라 이르는가?
접촉하고 있는 이웃 나라의 형세가
자국의 주권선의 안위와 긴밀하게
관계되는 구역을 말한다.

지금 우리나라의 현황은
자신을 지키기에는 충분하여
어느 나라도 감히 우리 강토를
엿보려는 마음이 없다는 것은
의심할 여지가 없지만,
나아가 이익선을 지켜
자위의 계략을 굳게
세우려는 점에 있어서는
불행하게도 전연 그렇지
못하다고 볼 수 밖에 없다.

우리 이익선의 초점은 진실로
조선에 있다.

이 주장은 이후
일본 육군의 절대적 과제로
자리 잡았다.

드디어
이익선인 조선이
확보되었네.

자, 이제
조선을 어떻게
관리할까나?
흐흥

요시다 쇼인의 제안대로 홋카이도, 류큐(현 오키나와)를 편입하고

타이완을 식민지화해가면서 일본은 서구 제국주의 국가들의 식민지 통치 방식을 연구했다.

음…

영국은 호주나 뉴질랜드에서 본국인을 이주시키고 본국의 법과 제도를 이식해서 동질의 사회를 구축했군.

또 다른 영국인 셈.

반면 인도에선 총독과 최소한의 관리를 빼내서 외교와 군사 등을 관할케 하고 나머지 관습 등은 손대지 않은 채 자치에 맡겼네.

특히 귀족들의 특권은 유지시켜 주었지.

생각만큼 나쁘지는 않네.

프랑스는 또 다른걸. 동화정책을 폈어. 그러니까 프랑스의 이념과 종교로 동화시키는 정책이야.

프랑스어를 익히고 가톨릭으로 개종해서 프랑스인으로 손색없다 싶으면 참정권도 부여한단 말이지.

물론 반항하면 무자비하게!

프랑스의 동화정책, 이게 맘에 드는군. 하지만 우리의 사정과는 근본적인 차이가 있어.

프랑스의 경우는 식민지인과 인종적으로나 문화적으로 완전히 다르지만

조선인은 우리랑 인종적으로나 문화, 역사, 언어에 있어서 무척 가깝다 이 말씀이야.

우리 식 동화정책! 그게 필요해.

그렇게 서구의 식민 통치를 연구하는 한편

독일의 식민지…

식민지 경영법

대영제국 확장사

인도지배의 명암

영국의 식민지 개척

러시아…

프랑스의 식민

알제리 지배사

베트남의 경험

프랑스 제국주

이미 1895년, 청일전쟁 이후 중국으로부터 빼앗아 총독부를 세워 통치했던 타이완에서의 경험을 참조해

조선총독부를 세우고 총독부의 통치 방향을 확립했다.

한편으론 동화주의!

다른 한편으론 무단통치!

조선은 자체로도 우리의 식민지로서 가치가 크지만

그보다도 대륙진출이라는 원대한 꿈을 이루기 위한 전초기지로서의 가치가 커.

무단통치로 찍소리도 못 나오게 만들어놓고 동화정책으로 서서히 일본화시켜서 조선을 안정시켜야 해.

그래야 조선을 디딤돌 삼아 만주로, 시베리아로, 중국으로 뻗어나가지.

총독부의 최고 권력자 조선 총독에겐 특별한 지위와 권한이 부여되었다.
조선총독부 관제 제1조부터 제7조까지는 모두 총독에 대한 규정이다.

조선총독부 관제

제1조
① 조선총독부에 조선 총독을 둔다.
② 총독은 조선을 관할한다.
제2조 총독은 친임하며 육해군 대장으로 이를 채운다.
제3조
① 총독은 천황의 직속으로 위임 범위 내에서 육해군 통솔 및
조선 방비의 사(무)를 관할한다.
② 총독은 제반 정무를 통할하며 내각총리대신을 경유하여 상주하고
재가를 받는다.
제4조 총독은 그 직권 또는 특별한 위임에 의하여 조선총독부령을 발하며
이에 1년 이하의 징역 혹은 금고, 구류, 200원 이하의 벌금 또는
과료의 벌칙을 붙일 수 있다.
제5조 총독은 소관 관청의 명령 또는 처분으로 규정에 위반하여
공익을 해하거나 또는 권한을 범하는 것으로 인정되는 때는
그 명령 또는 처분을 취소 또는 정지할 수 있다.
제6조 총독은 소관 부서의 관리를 총감독하며
주임문관의 진퇴는 내각총리대신을 경유하여 이를 상주하고,
판임문관 이하의 진퇴는 이를 임의로 행한다.
제7조 총독은 내각총리대신을 경유하여 소관 부서 문관의 서위, 서훈을 상주한다.
※ 이하 제8조는 정무총감, 제9~제21조는 총독부 조직에 대한 규정

관제에 따라 총독은 친임관으로 천황에 직접 예속된다.

내각총리대신을 거쳐 보고하고 재가를 받는 형식을 취했지만 실상은 천황폐하와 직접 통하지.

천황
총리
조선총독
대 신 들

무슨 얘긴고 하니 천황 폐하를 제외한 그 누구의 지시나 감찰도 받지 않는 자리다 이거야. 내각도, 의회도!

참고로 대만총독은 대신의 관할 아래 있었지. 나 조선 총독과는 급이 달랐다고.

그뿐인가? 주차조선군에 대한 통수권을 갖고

식민지 조선의 법률을 대신하는 제령을 발할 수 있으며

내 말이 곧 법ㅋ

총독부 관리 중 주임관에 대한 인사제청권과 판임관 이하에 대한 인사권도 가졌지.

일제강점기 관리 직급임다.

친임관 : 천황이 직접 임명하는 총독, 정무총감, 조선군 사령관, 육해군 대장 등
칙임관 : 천황이 칙서로 임명하는 총독부 국장(고등관 1등), 도지사(고등관 2등) 등
주임관 : 참여관 이하 고등관 3~9등(참고로 군수가 고등관 9등이었음)
판임관 : 보통문관시험을 거친 자로 총독이 임명함

이쯤 되면 한마디로 거의 조선의 왕 아닌가?

핫핫핫

이렇듯 막강한 지위와 권한을 가진 조선 초대 총독엔 직전 조선 통감인 데라우치 마사타케가 임명되었다.

데라우치는 사이고 다카모리를 따르는
사무라이들이 메이지 정부에 반역해
일으킨 세이난전쟁에서 총상을 입었다.

팔은 평생
불구가 됨

이후 그는 야전이 아닌
군사행정 분야로 뛰어들었는데
이내 실력을 인정받고
승진을 거듭했다.

육군의 요직을 두루 거치고
육군 대신도 10년간이나 역임했다.

육군 대신

제3대 조선 통감으로 있으면서 이완용 등 친일파들과 함께
한일 강제 병합을 주도한 인물이기도 하다.

조슈번벌과 일본 육군의 적자답게
그는 힘에 의한 통치를 숭상했고
철저한 대륙 진출론자이기도 했다.

식민지 조선은
이제 그가 이끄는 조선총독부에 의한
무단통치의 그늘 아래 놓이게 되었다.

헌병·경찰의 무단통치

1907년 이래 일본군 1개 사단은 계속 한국에 주둔했다.

한국주차군이란 명칭은 이제 조선주차군으로 바뀌었다.

조선주차군의 존재 이유는 두 가지.

항일 세력 진압과

대러방어 및 대륙 진출 준비.

이후 1916~1921년에 걸쳐 2개 사단으로 증설되고 명칭도 아예 조선군으로 변경되었다.

일본군이 조선군이라… 이름 참 거시기하네.

19사단은 함경도 나남에 본부를 두었고

우리는 동만주와 러시아(소련)를 담당하고

20사단은 용산에 본부를 두었다.

우리는 조선은 물론 남만주까지 작전 구역으로 삼았지.

주둔군 산하에 조선헌병대가 있었다.

헌병대는 군대 내에서 경찰 업무를 담당하는 조직.

그런데 우린 좀 달랐지.

병합 이전인 1910년 6월 24일 한일 양국 간에 경찰권 위탁 각서가 조인되었고

우리가 경찰 업무를 대행해줄게 ㅋㅋ

경찰권의 지휘권은 한국주차헌병대 (→ 조선헌병대)가 장악했다.

초대 헌병 사령관은 데라우치 총독의 측근인 아카시 모토지로.

그는 세계 스파이 역사에 전설로 남은 인물이다.

형님!

007

러일전쟁 시 육군 대좌로 주러시아 공사관 무관이었던 그는 본국에 거액의 공작금을 요구했다.

헐~ 이게 얼마야?

아카시 이 친구, 똑똑한 줄 알았는데 또라이였잖아.

실력자 야마가타의 결단으로 당시 일본 예산의 250분의 1에 해당하는 100만 엔이 송금되었다.

전액 송금해줘.

넹?

이를 가지고 아카시는 러시아의 혁명 세력들, 불만 세력들을 접촉하고 지원했다.

레닌이라… 듣던 대로 대단한 혁명가네.

다음은 가폰 신부를 만나볼까?

피의 일요일부터

제1차 러시아혁명의 전개 과정엔 그의 공작이 상당 부분 작용했던 것이다.

당하고만 있을 거요? 자, 여기 총과 실탄.

민중의 거센 항거에 차르는 결국 러일전쟁의 중단을 결정했고

일단 국내부터 안정시켜야지. 자칫하다간 혁명으로 인해 쫓겨날 수도 있겠기에.

일본은 전쟁을 승리로 마무리할 수 있었다.

아카시 혼자서 10개 사단의 역할을 해냈군.

그때 러시아 증원군이 왔더라면 우리가 이길 수 있었을까?

힘들었을 걸. 전쟁물자도 바닥이 보이는 상황이었잖아.

이토

나중에 아카시는 독일에 외교관으로 파견되었는데

일을 할 수가 없었다 한다.

다들 나를 피하려고만 하고 만나주질 않으니. 쩝~

괜히 어울렸다가 무슨 공작을 당할지 몰라.

결국 본국으로 돌아오게 되었고 1907년 한국주차 헌병대장으로 부임한 것.

그는 헌병과 경찰의 지휘 체계를 정비해 헌병 경찰 중심의 무단통치 질서를 구축했다.

전체 지휘권은 헌병이 갖지만 동일 직급일 경우는 헌병과 경찰 서로 동등하다.

헌병 사령관이 경무총감을 겸하고 각도 주둔 헌병대장이 각도 경무부장을 겸했다.

보통 경찰은 경찰서-경찰분소-지서-순사 주재소-순사 출장소 체계로, 헌병은 헌병분견대-헌병분견소-헌병파견소 체계로 전국 구석구석까지 파고들었다.

어딜 가나···

헌병과 경찰의 직급은 이렇게 조정되었다.

헌병 위관 = 경시
준사관, 하사 = 경부
상등병 = 순사
헌병보조원 = 순사보

상층 간부 대부분이 헌병일 정도로 주도권은 헌병에게 있었는데

경시 이상은 헌병이 125명 경찰이 35명,

경무부장 이상은 17명 전원이 헌병이라는 ㅡㅡ;;

강점 초기 헌병은 보조원을 포함해 8,000명에 육박했고 경찰은 6,000명에 이르렀다.

계속 늘어서 1910년대 말에는 합쳐서 2만 명에 달하게 되지.

헌병 경찰의 최우선 업무는 역시 반일 활동 제압이었다.

두다다다

아직 남아 활동하던
의병 세력들에 대한
집요한 소탕 작전,

탕
탕
탕

주요 인사들에 대한
성향 파악과 감시,

여어~
김선생, 일전에
경성엔 무슨 일로
다녀오셨나?

반일 활동이 드러나거나
의심될 경우
체포와 고문 등이
헌병 경찰의 주요 임무였다.

죽었다고
복창해라ㅋㅋ

인력이 부족해서
조선인을 상대로 헌병보조원이나
순사보를 모집했는데

헌병보조원 모집

대일본 제국의 충작한
죠선 청년아 오라!

자격 : ----
일시 : ----
대우 : ----

그것도 권력이라고 청년들 사이에 인기가 높았다.

보조

화~ 부럽다.
나도 되고 싶어.

보조원이 되려면
무슨 준비를
해야지?

우선 일본어를
알아들을 수
있어야겠고

민족의식
같은 건
버려야겠지.

그 밖에도 헌병 경찰의
업무는 실로 다양했다.

신문과 출판물 단속, 종교 단속, 범죄 즉결,
민사소송 조정, 검사업무 대리, 집달리 업무, 호적사무,
납세독촉, 국경세관 업무, 밀수 단속, 국고금과 공금 경호,
학교 및 서당 사찰, 일어 보급, 여권 교부, 국내외 거주이전,
법령보급, 부업장려, 종두보급, 해로운 짐승 박멸,
전염병 예방, 도살단속, 우편물 호위, 도로수축,
강우량 측량, 도박꾼·무당·기생·매춘부 단속
등등의 숱한 일을 했지.

안 하는 일은
뭐여?

사법과 감옥에 관한 사무도
1909년 일본에 위탁되었다.

한국의 사법과 감옥에 대한 사무가 완비되었다고 인정될 때까지 우리가···

네.

1912년에 조선형사령,
조선민사령이 제정되고

일본의 형법, 민법 등을 참조한 총독부령이지.

나는야 조선에서 입법권을 가진 유일한 남자ㅋ

재판은 3급 3심제로
자리 잡았다.

지방법원 - 복심법원 - 고등법원

그런데 일본의 법률엔 없고 조선에만 있는
제도가 있었으니 조선태형령이다.

새로운 게 아니고 대한제국의 법을 재활용한 거야.

됫빗ㅇ

경찰서장, 헌병분대장은 즉결 처분의 권한을 가졌는데

구류, 태형, 과료의 형에 해당하는 자,

3개월 이하의 징역이나 100원 이하의 벌금에 처할 자에게 즉결처분을 내릴 수 있었지.

즉결 처분으로 가장 애용된 것이 바로 태형이다.

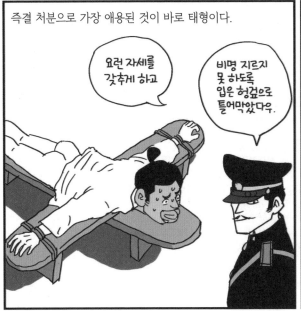

요런 자세를 갖추게 하고

비명 지르지 못 하도록 입은 헝겊으로 틀어막았다우.

하루에 30대까지 때렸고 그 이상일 경우엔 이틀에 거쳐 때렸지. 이 정도면 꽤 인도적이잖아?

참, 태형은 조선인에게만 가해졌다는 거.

열 다섯~

딱

어떤 사람이 맞았을까?

도박을 한 자,

술 먹고 주정한 자,

길거리에서 싸움을 한 자,

총독부 부역 일을 게을리 한 자,

그 밖에도 가로수를 꺾은 자,

집 앞 청소를 게을리 한 자,

웃통 벗고 일한 자 등등

대상은 참으로 다양했다.

한마디로 조선인이라면 누구나 맞을 수 있었다고 해야겠지.

그냥 우리 마음대로였어.

매를 맞고 나면 상당 기간 움직일 수 없는 것은 기본이고 불구가 되거나

그래도 열흘 쯤 지나면 거동할 수 있다니 다행이라 생각혀.

건너 마을 정씨는 1년이 넘게 지났는데도 아직이라잖여?

목숨을 잃는 경우도 적지 않았다.

야, 다행이쥬. 아주 황천길로 간 사람들도 있는디… 썩을 놈들.

태형은 어느덧 헌병 경찰에 의한 무단통치의 상징으로
자리 잡았고

잡혀가서
태형 맛 보기 싫으면
알아서들 행동해.

헌병과 순사는
공포의 대명사가 되었다.

쉿 순사 온다.

즉결 처분을 받건 정식재판에
넘겨지건 어느 경우도
경찰에 의한 조사 과정을
밟아야 했는데

자,
이제부터
본거, 들은 거,
아는 거는
싹 다 불어야
할 거야.

이 과정 또한 공포였다. 특히 반일 활동과 관련된 경우엔
고문이 일상이었다.

여기 이 친구가
선수 … 아니
기술자거든.
고.문.기.술.자!

안 그랬다간
비녀꽂기, 통닭구이,
고춧가루물 코에 붓기,
손톱 밑에 대침 찌르기,
못 박힌 상자에
가두어 흔들기,
전기고문, 성고문
등등의 신세계를
겪게 될 거거든.

1912년 조선감옥령이
공포된 후 전국 곳곳에서

땅 땅…

대형 감옥이 속속 세워졌다.

그럼에도 감옥은 언제나
만원이었다.

그렇게 많이
즉결처분으로
빠졌는데 어째서
여기도 만원이지?

도둑놈들이
그래 많나?

독립군들이
많은 게라우.

무단통치의 또 다른 단면은 제복이다.
헌병과 경찰은 물론

공무원,

교사까지도 제복에 칼을 찬 차림이었다.

무서버…

그렇듯 총독부 통치는 곧 무단통치, 공포정치였다.

차별과 동화주의

조선총독부는 중앙에 사법부, 농상공부, 탁지부, 내무부, 총무부 등 5개 부서와

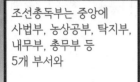

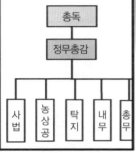

경무총감부, 재판소, 감옥, 중추원, 세관, 전매국, 철도국 등을 두었다.

총독은 정무총감을 두어 이들을 지휘했다.

본국의 대신급이지.

초대 정무총감 (1910~1919년) 야마가타 이사부로

중추원은 자문 기구로 출범했는데 정무총감이 의장을, 부의장 이하는 조선인이 맡았다.

초대 부의장 김윤식

자문 기구를 표방했지만 실제론 친일 인사들을 대우하기 위한 명예직 성격이 강했다.

병합에 공이 큰 조선인들은 물론 대한제국 시 고위직에 있던 이들이 대상이 됐지.

껍데기뿐인 자리라도 줘서 달래놓아야 계속 우리를 위해 일하지 않겠어?

뿌듯~

저거 봐 ㅋㅋㅋ

지방 제도로는 대한제국의 13도 체제라는 큰 틀이 유지되었다.

함경남북도,
평안남북도,
황해도, 강원도
경기도,
경상남북도,
충청남북도,
전라남북도

하지만 중대한 변화들이 있었으니 부윤, 군수에게서 국세징수권, 사법권을 박탈한 것이다.

세금도 걷지 못하고
재판권도 없으면
그게 무슨 사또여?
허수아비지.

또한 군현제의 보조 기구였던 면을 말단 행정관청으로 만들었다.
면장은 면민에게 법령을 알리고 세금 납부를 독려하며

면민의 제반 사항을 군수, 부윤에게 보고하는 역할을 맡았다.

옛날엔
지방행정 조직의
중심이 수령, 군수였는데
이젠 면장이
다 하는 듯. 쳇!

1914년 당시
지방조직 개편 결과
13도 12부 220군
2,521면이었다.

• 는
12부입니다.

도장관은 병합 초기엔 일본인과 조선인이 비슷한 수를 이루었으나 점차 일본인 위주로 교체되어갔다.

도장관(뒤에 도지사)은
조선인이 맡기엔
너어무 높은 자리란 말씀야.

도장관

하지만 군수의 대부분과 면장, 면서기는
거의 조선인이 맡았다.

대민접촉은 아무래도
우리가 직접 하는 것보다
우리 말을 잘 듣는
조선인이 맡는 게
통치에 용이하겠지.

그렇게 총독부는 중앙과 지방의
행정조직을 장악했다.

훙

그리고 내세운 것이
동화정책이다.

동화(同化)!
즉 조선과 일본이
하나가 되는
정책이지.

우린 식민지란
말은 쓰지 않아.

에… 또 간단히 설명하자면,
조선과 일본은 뿌리가 같은
형제 민족이라고 봐.
그런데 오늘의 현실을
보라고.

형인 우리 일본은 문명화를 이루어
세계적인 강국으로 잘 살고 있지만
조선은 작고 힘없고 가난하여
독립이 불가능하고 발전의 기미가
보이질 않잖아.

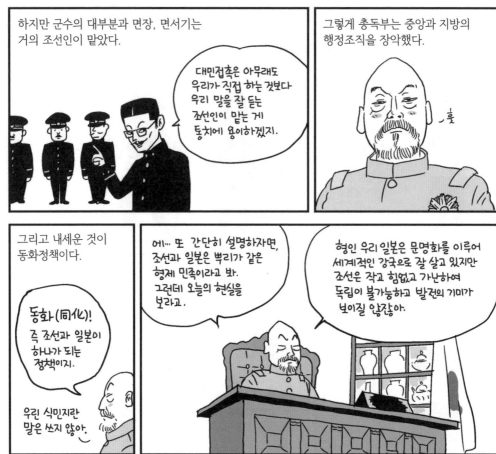

때문에 우리가 나서서
아우의 나라를
근대화시켜주고
우리 일본처럼
문명의 혜택을 누릴 수
있게 하려는 거야.

그렇게 되면 조선인도
자랑스러운 대일본제국의
국민이요 천황폐하의
신민으로 행복하게
살아갈 수 있다 이거거든.

일본은 이런 주장을 역사적으로
뒷받침하고 싶어 했다.

일본과 조선이
하나가 되어야
한다는 것은
역사적 필연이야.
들어 봐.

천황가의 선조께서는
한반도에서 일본을
발견하고

일본으로 건너와
일대를 정복하고
나라를 세웠지.

이후 위대한 진구황후께서 바다를 건너가

신라를 정복했어. 이때 신라 왕은
스스로를 결박한 채로 나와 항복했지.

이후 가야에 임나일본부를 두어
식민지 경영을 했고

임나일본부설

신라는 물론 고구려와 백제로부터
조공을 받았어.

그런데 나중에 신라가 간교하게도 당나라를 끌어들여
백제를 무너뜨리고 우릴 몰아냈지.
《일본서기》에 다 나오는 역사적 사실이야.

치사한
신라!

오늘에 와서 우리가 조선을 병합한 것은 말하자면 원상 복귀라 할 수 있지.

다음으로 조선은 타율성의 역사란 특성을 가졌다. 뭔 소리냐?

스스로 서지 못하고 항상 북방 세력이나 우리에게 의지해 살아온 민족이다 이 말이다.

반도의 태생적 숙명이랄까?

스스로 독립해 발전해나갈 수 있는 역량은 물론이고 DNA 자체가 없다.

타율성론

냉정하게 보건대 조선은 부존자원도 풍부한 편이고 풍토도 좋다.

그런데 악정으로 인해 발전이 정체되어 우리의 8세기 때랑 발전 정도가 비슷해.

마르크스의 유물사관에 입각해 보더라도 원시공산제, 고대 노예제, 중세 봉건제, 현대자본주의 발전 단계에서 아직도 고대 노예제 단계에 머물러 있다고나 할까?

- 동일 조상
- 임나일본부
- 타율성론
- 정체성론

아시아적 생산양식이라고 들어들 봤나? 조선이 딱 그렇다.

정체성론

때문에 독립에 필요한 규모의 육해군을 갖고 있지 못하고 그럴 능력도 지식도 없다.

그리고 조선의 엘리트들은 국가적 단결을 몰라. 저만 잘났고 자파의 이익만 중하게 생각하니 허구한날 당파싸움에 빠져 살지.

노론, 소론, 남인, 북인 사색당파에다 친청파니 친러파니 하며 늘상 싸움질이잖아.

이 모든 조선 역사의 특징들은 무엇을 보여주는가? 조선은 스스로 독립할 능력도 문명화할 역량도 없다는 걸 보여주지.

그런데 조선에 있어서 정말 정말 정말로 다행인 것이 무엇이냐? 이웃에 뿌리가 같고 문명화에 성공한 강국인 우리 대일본제국이 있다는 것이거든.

조선은 이제 우리 일본을 믿고 따라오기만 하면 되는 거야. 우리 천황 폐하께서 일시동인의 마음으로 은혜를 베풀어주실 테니 하루속히 동화되기 위한 노력에 매진하라고.

겉으론 일시동인을 내세웠지만

一視同仁

모든 사람을 하나로 보아 똑같이 사랑하신단 뜻이지.

총독부는 끝없이 조선과 조선인을 비하하고 열등감을 각인시켰으며

하여튼 조선인들은 안 돼.

끌끌~ 엽전들이란.

이래서 조선인들은 말로해서는 안 된다고 하지.

더러운 조선인들.

조선인들은 사납고 야만스러워.

조선인을 차별했다.

조선인은 뒤로 빠져.

그리고 차별의 이유를 이렇게 설명했다.

동등하게 대우해주고 싶지만

조선인은 아직 민도, 즉 문명화의 정도가 부족해서...

총독부 상층 간부들은 물론 친일파 귀족들도 걸핏하면 같은 타령을 했다.

그건 아직 시세와 민도가 이르지 못한 고로...

우리 조선인도 부지런히 민도를 높여가면...

총독부의 국장과 과장, 도장관 들은 거의 일본인으로 채워졌고

가끔 조선인도 있긴 하지.

우리보다 더 일본에 충성하는ㅋ

그 밖에도 중요하다 싶은 자리는 대부분을 일본인이 차지했다.

각급 학교의 교장, 우체국이나 철도국 같은 곳도 주요 자리는 다 일본인들이지.

말뿐인 동화주의였고 차별을 전제한 동화주의였다.

팔로 팔로 팔로우 미 우리를 따라 배워 우리처럼 되라고 ^_^

물론 절대로 안 되겠지만, 한 번 조센진은 영원한 조센진 ㅋㅋ

또한 동화주의는 일본과 조선이 서로 동화되는 것을 이르는 게 아니었다.

그야 당연히

야만 상태의 조선이 문명화된 우리 일본에 동화되어야지.

뿐만 아니라 동화주의는 무단통치와 동전의 양면을 이루었다. 일본에의 동화란 곧 총칼의 위협 아래 강요된 동화였고

同 化

궁극적으론 조선민족말살정책일 뿐이었다. 이는 이후로 내선일체니 황국신민화니 하는 이름으로 더욱 강화되어갔다.

완전한 일본인, 천황 폐하의 충성스러운 신민이 되자!!

사상, 언론, 종교, 교육의 통제

이때 일본에선 다이쇼 데모크라시 바람이 불어 민주주의가 진전되었지만,

조선은 정반대의 길을 갔다. 강점과 함께 정치 집회, 강연회, 연설회가 완전 중지되고

3명 이상은 한 자리에 모일 생각도 말고.

친일 단체인 일진회가 강제해산될 정도로 결사의 자유가 부정되었다.

모임을 꾸릴 생각도 말 것!

반일 성향을 보였던 신문들은 모두 폐간의 운명을 맞았다.

통감부 기관지로 출발한 일본어 신문 〈경성일보〉가 반일 신문으로 유명한 〈대한매일신보〉를 인수해 제호를 바꿔 발행하니 곧 〈매일신보〉다.

총독부의 정책, 성과, 조선의 발전상 등을 홍보하는 총독부의 실질적인 기관지!

그치만 갈 곳 없던 조선의 청년 지식인, 예술인 들의 일터가 되기도 했지요.

〈소년〉지를 비롯한 잡지들과 각종 학회의 기관지들도 발행이 취소되었다.

서북학회 월보? 안 돼!
기호흥학회 월보? 안 돼!
시천교보? 안 돼!
예수교회보? 안 돼!
안 돼, 안 돼, 안 돼!

민족의식을 담은 책들은 금서로 지정되었다.

현채의 《유년필독》, 《동국역사》,
신채호의 《을지문덕전》,
《이태리 건국 삼걸전》
장지연의 《대한신지지》, 《여자독본》,
안국선의 《금수회의록》 등은
소지해서도 안 되고 읽어서도
안 된다.

총독부는 종교도 그대로 두지 않았다.

종교가 대중에게
끼치는 영향이
어마어마한데
그냥 둘 수야
없지.

불과 십수 년 전
동학이 조선 반도
전체를 들었다
났다 하지
않았나?

총독

1911년 6월, 불교에 대해 사찰령을 내렸다.

사찰은 정해진 목적 외에
사용하지 말고 병합이나
이전, 폐지 등은 반드시
총독부의 허가를 받을 것!

1,300여 개의 사찰 중에서
큰 사찰 30개는 본사로 하고
나머지는 그 말사로 한다.

말사는 주지 임명부터
제반 사항을 본사의
지휘에 따른다.

본사의 주지는
총독의 인가를 받아야
취임할 수 있다.

본사의 주지들에게 막대한
권한을 부여하는 대신 우리에게
인가를 받도록 한 거지.
본사 주지가 되고 싶으면 우리에게
충성해라 이거야.

과연 대부분의 본사 주지들은 총독부에 협조하는 길로 나아갔다.

불교는 됐고.

총독부는 유교의 영향력에도 주목했고

지방 향촌에 대한 영향력에선 여전히 유교가 압도적이다.

지난 시기 의병을 일으켜 저항한 이들의 상당수도 유학자들이고.

지금도 곳곳에서 속썩이고 있습니다.

유교의 어용화에 많은 노력을 기울였다.

반항하는 자에겐 본때를 보여주고 그렇지 않은 이들은 잘 구슬러서 저들이 강조하는 충(忠)을 천황 폐하를 향한 충으로 바꾸자고.

성균관을 폐지해 경학원을 설립하고

과거 제도가 없어졌으니 고등교육기관으로서의 성균관은 존속할 이유도 없잖아.

대제학, 부제학, 제주 등 13도 강사를 선발했다.

이제 경학원의 이름으로 문묘에 제사하는 일과 유학의 원리로 사회를 교화하는 역할을 맡는 거지.

총독은 수시로 이들을 불러 다과를 베풀었다.

천황 관련 각종 행사에 경학원 간부들을
참석하도록 독려하는 한편,

이번 천장절엔
경학원 간부들이
모두 참석토록
합시다.

여부가
있겠습니까?

유학자들이 중시하는 석전제 등의 행사엔
총독, 정무총감 등이 참여하는 성의를 보였다.

지방 향교의
석전제에는
도장관이나
군수들이 참석할
것이오.
공자는 동양인
모두의 스승
아닙니까?

어용화의 결과, 한일 유학의 비교나 한국 유학 비판
등을 내용으로 하는 강연회가 자주 개최되었다.

한국 유교의 나아갈 길에 대한
오늘의 강연은 이상으로 마칩니다.
끝으로 천황폐하만세 제창이
있겠습니다. **천황폐하** …

500년 조선왕조를
떠받들어왔던 유교가
한순간에 일제의
식민 통치를 선전하는
도구로 전락했구나.

그게 …
항일의 길에 선
사람들은 대부분
처형되거나
투옥되거나
망명했으니 …

종교 일반에 대한 관리와 통제를 위해
1915년 8월, 포교 규칙이 공포되었다.

종교는 신도,
불교, 기독교로
한정하며

포교자는 자격
이력서를 갖춰
총독부에 신고해
허가를 받아야!

여기에 종교 지도자들에
대한 지속적인 감시와
회유가 더해졌다.

하지만 천주교와 개신교는
통제가 쉽지 않았다.

이쪽은 외국인
선교사들이
있어서 …

그렇다고
방치할 수도 없어.
각 처에 학교를 세워
기독교 사상은 물론
민족의식을
고취시키고 있으니
……!!

총독부는 1911년 10월,
사립학교 규칙을 공포해
우려를 덜어냈다.

사립학교 건립 시엔
총독의 허가를 받아야.

교수 용어는
일본어로.

예배해도
안 되고

성경 과목을
가르쳐서도 안 돼.
(1915년 사립학교법 개정)

한편 총독부는 이보다 앞서 조선교육령을 공포했다(1911년 8월).

조선교육령

제1장 강령
제1조 조선에 있어 조선인의 교육은 본령에 의한다.
제2조 교육은 '교육에 관한 칙어'의 취지에 기초하여 충량한 국민을 기르는 것을 본의로 한다.
제3조 교육은 시세와 민도에 맞도록 이를 베푼다.
제4조 교육은 이를 크게 나누어 보통교육, 실업교육 및 전문교육으로 한다.
제5조 교육은 보통의 지식, 기능을 가르쳐주고 특히 국민된 성격의 함양을 목적으로 한다.
제6조 실업교육은 농업, 상업, 공업에 관한 지식, 기능을 가르쳐주는 것을 목적으로 한다.
제7조 전문교육은 고등한 학술과 기예를 가르치는 것을 목적으로 한다.

제2장 학교
제8~제10조 보통학교 관련 사항
제11~제13조 고등보통학교 관련 사항
제14조 관립 고등보통학교 사범과에 대한 사항
제15~제18조 여자고등보통학교 관련 사항
제19조 관립 여자고등보통학교 사범과에 대한 사항
제20~제24조 실업학교 관련 사항
제25~제27조 전문학교 관련 사항
제28조 공립 또는 사립의 보통학교, 고등보통학교, 여자고등보통학교, 실업학교 및 전문학교의
        설치 또는 폐지는 조선 총독의 허가를 받아야 한다.
제29조 보통학교, 고등보통학교, 여자고등보통학교, 실업학교 및 전문학교의 교과목 및
        그 과정, 직원, 교과서, 수업료에 관한 규정은 조선 총독이 정한다.
제30조 본 장에 열거한 이외의 학교에 관하여는 조선 총독이 정하는 바에 따른다.

식민지 백성을
식민지 백성답게
만들려면
식민지 백성에
걸맞은 교육을 해야.

교육령의 최우선 목표인
충량한 신민 육성을 위해
국어(일본어)와

수신 과목이 중시되었다.

일본어 시간만이 아니라 모든 수업이
일본어로 진행되도록 했다.

조회 시간에 천황의 교육칙어를 외우게 하고

교과서는 기존의 자유발행제에서 검정제로 바뀐다.

기초교육, 실업교육 위주였고

고등교육 억제 정책이 확인된다.

대학 설립 NO!

조선의 문명화를 주장하면서 대학 설립을 막는 건 모순 아닐까요?

어허! 식민지 백성이 너무 똑똑하면 골치 아파요.

아항! 그러니까 기술이나 익히고 일본어나 배워서 조수, 따까리 뭐 그런 일들이나 해라?

딩동댕 ♪

ㅋㅋㅋ

일본어 교육은 학교 밖에서도 적극 진행되었다. 곳곳에 국어(일본어) 야학회, 강습소가 열리고

자! 일본어를 공짜로 가르쳐줍니다. 선착순이에요~

국어강습회

일본 교원, 헌병, 경찰 들이 강사로 나섰다.

관공서 공용어도 공문서도 모두 일본어인 거 다들 알지?

면서기나 순사보라도 할 생각이 있다면 우선 일본어를 익혀야 한다 이 말씀이야.

あいうえお.
か

하지만 일반 조선인들은 호응하지 않았다.

나니누네노
나니누네노

국어 같은 소리 하고 있네. 안 배웠어도 나도 왜놈 말 한마디는 알지. 빠가야로!

ㅋㅋㅋ

한편 사립학교 규칙을 통해 사립학교 운용과 교육까지 통제하자

여그는 됐다.

ㅇㅇ보통학교

사람들은 서당으로 눈을 돌렸다.

신식 교육도 좋지만 니놈이 왜놈 말 배워 씨부리는 꼴 보고 싶지 않다.

서당

1911년과 1916년을 비교해보면 서당의 증가가 눈에 띈다.

연도	서당 수	학생 수
1911	16,540	141,604
1916	25,486	259,531

이거 안 되겠네.

1918년 2월 총독부는 다시 서당 규칙을 공포해 규제에 나섰다.

서당 개설 시엔 명칭, 학동 수, 교수용 서적명, 유지 방법, 개설자, 교사의 이름과 경력 등을 부윤, 군수에게 신고할 것.

법령 위반, 공안을 해하거나 교육상 유해하다고 판단되면 폐쇄 등의 조치를 명할 수 있다.

제2대 총독 하세가와 요시미치

하지만 이렇게 촘촘히 식민지 교육을 강화하고 민족 교육이 파고들 틈을 막아 나섰어도

조선인들의 민족의식은 잠재우지 못했다.

강점 후 보통학교를 나오고

고등보통학교를 다닌 이들이

뒷날 3·1혁명의 주역으로 성장했으니…

식민지 경영과 경제의 장악

일본 제국주의자들의 조선 강점은 대륙 진출을 통한 대제국 건설의 제일보였다.

조선은 대륙 진출을 위한 전진기지!

조선 쩍고 만주로!

만주 쩍고 지나로 시베리아로!

그리고 조선은 그 자체로도 매력적인 땅,

기후 좋고

지하자원도 제법 풍부하고

쌀도 맛있어.

식민지로서의 가치도 컸다.

어떻게 요리해 먹을까나?

1908년 일본은 한국 정부를 압박해 한일 양국에서 동양척식주식회사 (동척)법을 공포한다.

설립 취지로 말씀드릴 것 같으면 한국을 지도, 계발해 한국 민족으로 하여금 문명의 혜택을 누리게 하고

설립 취지는 이렇게 표방되었다.

식산흥업을 통해 한국 민족의 생활 향상과 재정 확보에 기여하는 데 있다 하겠습니다.

뭔가 척식의 뜻과 안 맞는데? 척식은 한마디로 하면 식민지 개척이잖아.

저것도 그런 거겠지. 딱 봐도 영국의 동인도회사를 따라 한 거잖아.

수군

한국은 30%의 주식 지분을 갖는 대신 토지를 제공했다.

병합으로 이 지분도 총독부 것이 되었지롱.

1909년 서울에 본점을 열면서 본격적인 동척의 활동이 시작된다.

주요 활동은 척식을 위한 토지 매매, 건축물 축조,

한마디로 하자면 거~의 부동산업! 어디 쓸 만한 땅 나온 거 없을까나?

일본인 이주민 모집과 토지 분양 등이다.

기회의 땅 조선이 부른다.

초저가 토지 분양, 장기 저리 대출.

1910~1926년 사이 1만여 일본 농가를 조선에 유치했지.

생각보단 실적이 저조…

동척은 더 많은 토지 확보에 열을 올렸다.

개발 과정에서는 땅이 가장 확실하게 돈을 벌어주는 법이지.

땅땅 땅이 필요해!

대부 사업도 동척의 주요한 수익 사업.

돈 빌려 드립니다

그런데 대부 시 꼭 토지를 담보로 요구했고

대출은 어렵지 않아. 땅문서만 있으면.

갚지 못하면 토지를 몰수하는 방식으로 토지를 확보해나갔다.

동척의 토지를 분양받기 위해 조선에 들어온 일본 농민 수보다

동척의 빚을 갚지 못해 고향을 등지는 조선 농민의 수가 몇 배나 많았다.

1910년대 후반 동척은 자기 이름에 걸맞은 행보를 한다.

그래 우리는 동척이지. 동양척식! 조선 척식이 아니고 ㅎ

하얼빈, 창춘(장춘) 등지에 지점을 내면서 대륙으로의 진출을 꾀한 것이다.

서울의 본점은 일개 지점으로.

이때 동척 본점은 동경으로

총독부는 또한 1910~1918년에 걸쳐 대대적인 토지조사사업을 벌인다.

에~ 또 금번 조사의 취지를 말씀드릴 것 같으면, 지세의 부담을 공평하게 하고 소유권을 보호하며

매매와 양도를 간편하게 함으로써 생산력을 증진케 하려는 것이다. 그런즉 적극적인 협조를 바란다.

하긴 지금의 토지 소유 실태는 문제가 많긴 해.

문서만으로 소유자를 확인하기도 어렵고 징세에서 빠지는 은결도 너무 많아.

총독부는 장기간에 걸친 측량과 조사를 통해

토지대장을 작성하고 등기 제도를 확립했다.

이렇듯 토지조사사업은 근대적 토지 소유 제도를 확립했다는 긍정적인 측면이 분명 있다.

토지소유권이 확실해지니 좋군. 매매도 깔끔하고, 저당권설정도 확실하잖아.

그나저나 이 두둑한 땅문서가 주는 행복감을 개돼지들은 평생 모르고 살겠지. 아! 행복해라.

반면 과정상의 문제점도 많았다. 중앙정부가 아니라 궁방이나 역, 특정 관청에 지세를 무는 역둔토들을 국유화해버린 것이 대표적이다.

뭔 소리래유? 조상 대대로 물려받은 땅인디.

토지대장에 이렇게 나와 있잖아. 총독부에 이의신청을 하든지.

토지

해당 토지의 소유자들은 졸지에 땅을 잃고 소작인으로 전락해야 했다.

아이구 엄니이 우린 인자 망해부렸슈~

국유화란 곧 총독부의 소유. 토지조사사업을 통해 총독부는 최대 지주로 거듭났다.

전체 경작지의 5%가 우리 소유란 사실.

여기에 동척과 일본인 지주의 소유분까지 합하면 전체 경작지의 10%에 달했다.

전통적인 소작권으로 매매, 임대가 가능했던 도지권도 부정됐다.

인제 그런 거 없고 소작권은 언제든 떼일 수 있다는 거.

토지조사사업의 또 다른 수혜자는 지주들이었고

보장된 것은 오로지 소유권.

올해는 소작료나 올려 볼까나 ♪

3%의 지주가 전체 경작지의 절반을 소유했음

반면에 소작인들의 처지는 더욱 열악해졌다. 소작인들은 툭하면 소작을 떼겠다는 지주들 앞에 한없이 작아져야 했다.

제발 그 말씀만은 말아주이소. 우리 식구들 목숨이 달렸심더.

토지조사사업의 결과 징세 대상 토지가 크게 늘어났다.

숨어 있던 은결들이 대거 드러나고

실제보다 작게 기재되었던 토지들의 면적이 바로잡힌 결과입니다.

좋군. 결국 토지세 수입으로 예상했던 액수의 거의 배가 걷혔으니. 총독부 재정에 큰 도움이 되었어.

1909년 설립된 한국은행은 조선은행으로 이름을 바꾸고 중앙은행으로 기능했다.

엔화에 기초한 엔본위제였다.

엔이 금본위제를 택하면 덩달아 금본위제가 되고.

조선은행은 정부 대부, 국공채 매입 등을 통해 총독부 재정에 기여했다.

조선은행에서 급전 좀 땡겨줘.

하하

1906~1907년 전국에 농공은행들이
설립되었다.

광주농공은행 본점

이들은 1918년 통합되어 조선식산은행으로 거듭났다.

농공은행, 식산은행은 장기자금을 공급했고 식민지 공업자본과 지주들이 혜택을 보았지.

농공은행의 보조기관이자 중소 농민을 대상으로
금융 업무를 맡은 것은 금융조합이다.

총독부의 후원 아래 저리나 무이자 대부 등을
행했는데

와! 그런 게 생겼어?

그렇대도. 금융조합을 잘 활용하면 돈 벌기가 참 쉽지.

조합원이 되려면 출자 의무가 있어서
하층 농민의 가입, 이용은 쉽지 않았다.

장기거리로 대출받아서

돈 귀한 자들에게 단기고리로 빌려주는 거야 땅 짚고 헤엄치기 아닌가?

왜? 빌려줘?

1910년 12월, 총독부는 회사령을 공포했다.

회사 설립 시엔 총독부의 허가를 얻어야 하고

총독부는 필요하다고 판단될 때엔 회사의 해산을 명할 수 있다.

총독부는 이렇게 노골적으로 조선인 기업의
신설, 성장을 막고 일본 자본의 진출을 지원했다.

10년동안
조선인 회사는
고작 36개
늘어나는 데
그친 반면

우리 일본인
회사는 180개가
늘었지.

평균 자본금도
많이 차이 나요.

초기 일본 자본은 정미업, 양조업,
방적업 등에 주로 진출했다.

아무래도
먹고 마시고
입는 계통이
돈이 되지
싶어서^^

1911년엔 산림령을 내려
왕실 소유림, 공유림을
국유화하고

화전, 벌목을 엄금했다.

이 숲은 국유림으로
화전과 벌목을 엄금함.
위반 시엔…

강원도 경무부장

1915년엔 광업령을 공포해 일본
재벌들의 조선 광산 진출을 도왔다.

1910년 광업에서
일본 자본의 비중은 35%
정도였는데 (기타 외국
자본이 60%)
1918년엔 80%가
되었다네.

그렇게 일본은 짧은 시간 안에 조선의 전 경제 영역을
장악하고 식민지 경영의 기반을 구축했다.

문명화와 홍보

구한말 이래 철도, 도로, 전기 등의
인프라 구축이 이어졌는데,

강제 병합 이후 더욱 가속화되었다.

특히 철도는
대륙을 향한
우리의 야망을
풀어줄 동맥!

1911년 압록강철교가 완공되고

이제 경의선과
안봉선 (안동(안둥)과
봉천(펑톈)을 잇는 철도)
이 바로 연결되면서
만주 전역과
시베리아까지 인력과
물자의 이동이
용이해지게 되었지.

하얼빈

창춘

펑톈
(선양)

안둥
신의주

평양

서울

다롄

부산

이어 1914년 호남선, 경원선이
개통되고 함경선이
착공되었다
(1928년 개통).

도로 건설도 곳곳에서 진행되었다.

도로 건설에도 군사적 측면이 우선 고려되었다.

모든 교량은 포병부대의 제일 큰 포차가 지나갈 수 있게 할 것.

강제 부역을 통해

안 나오거나 나오더라도 게으름 피우는 자는 태형을 각오할 것.

서울-부산, 서울-강릉 등의 기간 도로와

항구와 내륙 도시, 농업 생산지를 잇는 도로들이 연이어 건설되었다.

새로 난 길은 신작로라 불렸는데

우마차 다니기엔 아주 좋구만.

철도역이 들어선 곳이 구도시를 대체하듯

신작로를 따라 새 도시들이 형성되었다.

전기회사가 다수 생겨나
도시에 전등이 켜지고

전화선도 가설되어
서울-평양, 서울-부산 간
통화가 가능해졌다.

기차가 들판을 질주하고

신작로를 따라 현대식 건물이 들어섰으며

서울의 주요 거리가 포장되고, 가로등이 켜졌다.

이러한 변화들이 조선인들에겐
적잖은 충격이었으리라.

놀랐지?
이것이 바로
문명의 힘이고
일본의 힘이며

총독부는 이런 변화들을 한데 모아
총독부 통치의 성과를 선전하려 했고

총독부 통치의
빛나는 결실이지.

흠~ 이를
전 조선 인민이
알게 할 방법이
··· !!

그 결과 열린 것이 조선물산공진회다.

共進會場景福宮之圖

시정 5주년을 맞아 연 이벤트로
데라우치 총독이 각별한 관심을 기울였다.

공진회가 열린 장소는
대한제국의 심장이었던 경복궁.

병합과 함께 경복궁을 접수했던 총독부는
이때 전시를 명목으로 수천 칸을 헐고
그 자리에 각종 전시관을 마련했다.

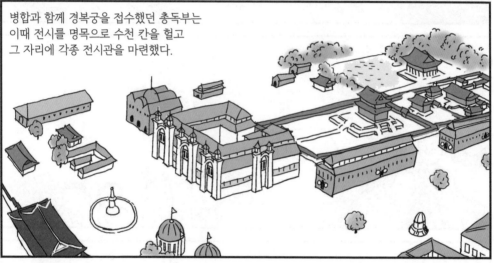

남은 전각들은 기념식장이나
귀빈실 등으로 사용되었다.

강점 이후의 변화들인 공장, 철도, 신작로, 신식 학교 등이
모형으로 전시되고

각 산업 분야의 주요 상품들은 물론, 제조법, 관련 기계와 공구, 데이터 들과

심지어 개량된 우사, 돈사, 닭장 들도 전시되었다.

관심을 끌기 위해 수백 명의 기생들 공연도 마련되었는데 효과가 컸다.

첫날부터 수만 명이 들이닥친 공진회는 대성공이었다.

공진회가 끝나고 흥례문이 있던 자리엔
총독부 신청사 건립이 시작되었다.

신청사는 10년 뒤인 1926년 완공되어 그 위용을 드러냈다.

이 당시 동양 최대의 근대식 건축물로 일본에도 이만한 규모의 건물은 없었지.

근정전 앞에 훨씬 거대한 규모로 총독부 건물이 들어서자
조선 왕실은 더욱 초라해 보였다.

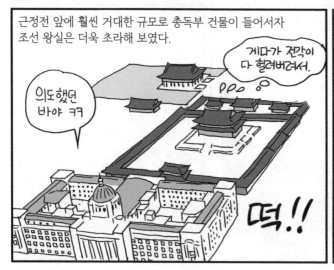

게다가 전각이 다 헐려버려서.

의도했던 바야 ㅋㅋ

떡.!!

조선 왕실을 상징하는 궁궐에 대한
훼손은 이 외에도 많았다.

앞서 헐린 경복궁의 전각들은 대부분 별장이나 요정으로 일본인 부자들에게 팔려나갔지.

1917년 창덕궁이 화재를 당해 침전이 불타자

경복궁 침전인 강녕전, 교태전, 함원전 등을 헐어 복구공사의 재목으로 썼고

경복궁은 어쨌거나 조선의 정궁, 철저히 파괴해야!

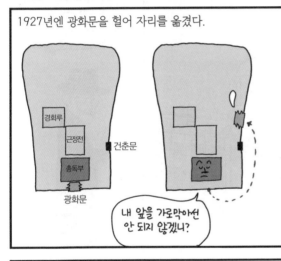

1927년엔 광화문을 헐어 자리를 옮겼다.

경회루

근정전

총독부

건춘문

광화문

내 앞을 가로막아선 안 되지 않겠니?

1908년에 이미 경희궁을 헐어 경성중학교를 세웠고

우리 일본인 자식들을 위한 중학교지.

수영장까지 갖춘 초현대식 학교였어.

1911년엔 창경궁을 창경원으로 개칭하기도 했다.

동물원이랑 식물원이 있으니까 궁보다는 원이 어울리지 않겠어? 하하

참고로 당시에 찍은 식물원 사진으로 만든 엽서인데 이 식물원은 여전히 같은 모습으로 존재하지 아마.

공진회는 이후로도 몇 차례 더 열렸다.

1929년 조선박람회 안내도 중 부분

朝鮮博覧會

총독부가 식민지 통치를 홍보하기 위해 사용한 또 다른 이벤트는 일본시찰단 파견이다.

이미 통감부 때부터 시작된 일로 효과가 아주 좋아.

일본을 직접 가서 보면 놀라고 감탄하고 무엇보다 기가 죽게 되지. 그리고 생각하게 되겠지.

귀족관광단을 시작으로

우리에게 맞서는 것은 계란으로 바위치기이고 그저 순종하는 게 현명한 길이구나 하고 말야.

기독교계, 불교계, 유림계 지도자들이 다녀왔고

찰칵

찰칵

그 대상은 점차 확대되어갔다. 다녀온 이들 상당수가 총독부의 의도에 적극적으로 따라주었음은 물론이다.

내 비록 일본을 좋아하진 않지만 인정하지 않을 순 없더군. 가서 보니 생각했던 것보다도 더 어마어마어마어마 어마어마한 거야.

일상적 홍보의 중심엔 〈매일신보〉가 있었다.

일본의 위대함이여!

총독부 영도 아래 발전하는 조선!!

報申日每

〈매일신보〉를 통해 많은 지식인들이 시나브로 일제와 총독부의 논리에 젖어들어갔다.

그래… 이런 일본을 상대로 어떻게 싸워? 순응하고 사는 게 윈윈하는 길일지도 …

타작하는 농민
간도는 우리나라와 가까워 이주민이
특히 많았던 곳이다. 동포들은 주로
소작을 하며 중국인의 민족 차별에
시달리면서도 민족의식을 잃지 않았다.

간도

도쿄

조선귀족회 일본 유람단
국권피탈 이후 더욱 호사를 누린 사람들도
있었다. 친일 인사들은 일제로부터
귀족 작위와 함께 은사금을 받고 호의호식했다.

식민지의 삶

귀족의 작위를 받거나 중추원직을 얻은 이들과 군수 이상의 관리들은 물론
이익이 늘어난 대지주들은 대부분 친일의 길을 간다.
일본의 토지조사사업으로 소작농이 늘어나고
삶이 팍팍해진 조선인들은 간도, 하와이 등지로 이민을 떠난다.

하와이 사탕수수 농장

하와이 동포들은 사탕수수 농장 등에서
중노동에 시달리면서도 한인 사회를
형성하고, 독립운동에 보태달라고
성금을 보내기도 하였다.

하와이

친일의 선봉들

친일의 앞자리를 담당한 이들은 작위를 받은 귀족들이다.

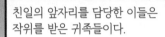

에… 또 후작이 6명, 백작이 3명, 자작이 22명, 남작이 45명 되겠습니다.

작위를 받은 76인 중 작위를 거부 또는 반납한 김석진, 조정구, 유길준, 윤용구, 한규설, 민영달, 홍순형, 조경호,

작위를 받은 것을 수치로 여겨 자결한 김석진

자살을 기도했던 조정구

한규설 민영달
윤용구
홍순형
조경호

뒷날 반일 활동과 관련되어 박탈당한 김가진, 김윤식, 이용직, 김사준을 제외하고

나머지들은 죽는 날까지 친일 협력의 삶을 살았다.

나는 빼줘. 3·1 후 여러 차례 반납 의사를 밝혔는데 총독부가 들어주지 않았다네.

이종건

작위를 받은 이들은 황실과 관련된 이들이 대다수이고

조선 귀족명단
후작 : 이재완, 이재각, 이해창, 이해승, 윤택영, 박영효
백작 : 이완용, 이지용, 민영린
자작 : 송병준……
남작 : ……………

종친들, 민씨 척친들, 윤씨 척친들, 사위들…

강제 병합 협력자로 작위를 받은 이로는 이완용, 박제순, 이지용, 권중현, 이근택 등 을사오적과

정미칠적, 경술국적에 이름을 올린 조중응, 고영희, 이병무, 임선준, 송병준 등이다.

그리고 종친과 척친들인 이재곤, 민병석, 윤덕영, 이재면 등…

을사년 이래 강제 병합 시까지 일관되게 친일의 선두에 선 이완용은 최고의 대우를 받았다.

중추원 고문으로 있다가 나중에 부의장까지 올랐고. 엣헴

병합 때를 빼곤 작위를 받은 경우가 딱 한 번뿐인데 바로 내 둘째 놈인 이항구의 경우지.

일진회를 이끌며 앞장서서 병합을 추진했던 송병준은

합병만이 살길이다!

중추원 고문을 맡았고 1920년엔 백작으로 승작했다.

어험!

나도 승작했어. 백작에서 후작으로. 송병준 보다야 내가 언제나 위지.

송병준과 함께 일진회를 이끈 쌍두마차였던 이용구는

작위를 받지 못했고 제대로 사례를 받지도 못했다.

게다가 일진회는 해산당하고… 뭐 이런 황당한 시츄에이션이.

1912년 5월, 일본에서 죽었다.

손병희랑 절연하며 여기까지 왔는데 허…

이 보오. 혹시 처음부터 속은 게 아닐까요? 하하 …꼴깍

귀족 작위를 받은 이들도 인생이 모두 순탄했던 건 아니다.

후작 윤택영은 순종의 계비 순정황후의 아비.

1906년, 딸을 황태자비로 만들기 위해 막대한 돈을 썼다.

비록 모두 빚이지만 황태자비만 되면 무슨 수가 생기겠지. 흐흐흐

이후로도 초호화 생활을 일삼자 빚은 점점 늘어났고

명색이 왕의 장인인데 품위는 유지해야 하잖아.

수십 차례 채무 소송에 시달려야 했다.

나리! 또 재판에 출석하라는 공문입니다요.

에이

이 집이 장안에 부채왕, 채무왕, 금차대왕으로 소문난 윤 아무개 집이구만.

민영린은 순종비 순명효황후와 남매지간. 병합에 앞장서서 백작 작위를 받았지만

해롱~

상습적 아편 복용으로

징역형을 받고는 작위가 박탈되었다.

피고 민영린을 징역 3개월 집행유예 3년에 처한다.

갑오개혁 시 김홍집 내각에서 군부대신을 역임했던 조희연은 남작 작위를 받았는데

채무로 재산을 탕진해 작위를 반납해야 했다.

자작 작위를 받은 조민희도 파산했고

그래도 작위는

고종의 오촌 조카로 자작 작위를 받은 이기용도 파산했다.

유지했지.

급진적 친일 개화를 도모했던 갑신정변 관계자들도

와아

대부분 친일의 선봉에 섰다.

…

정변 실패 후 일본으로 망명했던 이들 중 서광범, 김옥균, 임은명이 죽고 살아남은 이는 모두 5명.

5명 중 선두 격인 인물은 역시 박영효.

궁내부대신으로서 고종 퇴위 시 협력하지 않아 이완용의 공격을 받고 유배되기도 했지만

철종의 사위라는 신분, 명성, 일본 고관들과의 관계 등이 작용했는지 가장 높은 작위를 받았다.

후작

한 급 아래 백작 -칫

1911년에는 조선귀족회 회장에 선임되기도 했지만 1910년대까지만 해도 주로 경제 영역에서 활동하며 적극적 친일엔 주저하다

조선무역주식회사 설립(1913년)
조선물산공진회 경성협찬지회 발기인(1915년)
조선은행 이사, 조선식산은행 이사(1918년)
경성방직주식회사 발기인 겸 사장,
조선경제회 회장(1919년)

회장 박영

1920년대 들어선 이후 본격 친일의 삶을 산다.

박영효의 심복으로 병합 시 전남도 관찰사였던 신응희,

온 가족이 의,식,주를 일본식으로!

일본인보다 더 일본인같았다는 평을 받았다우.

병합 시 강원도 관찰사였던 이규완,

뒷날 3·1항쟁 시 지방장관으로서 가장 먼저 관내 지방 관리들에게 3·1 확산 방지를 위해 노력하라는 훈령을 발표한 인물이죠.

일본에서 박영효의 호위를
담당했던 정란교 등

참여관,
중추원 참의를
역임함

전원이 친일파의 삶을 살았다.

이게
아닌데...

김옥균

한국 군대의 현대화를 위해
일본 육사에 유학했던
이들의 대부분도
친일의 길을 걸었다.

러일전쟁에 참전하여
공을 세우고

병합 뒤에도 일본군에 남아
고급장교를 지낸 이들이 많다.

조성근은 조선인 최초로
뒷날 육군 중장에 이르렀고

예편 뒤엔
중추원 참의도.

어담도 육군 중장까지
진급했으며

김응선도 소장을 달았다.

유학 중 혁명일심회를 조직해 정변을 꾀했던 김관현은

병합 뒤 군수를 시작으로 친일 관료의 길을 갔다.

중추원 참의, 도지사까지 했지. 훗~

충남도지사 김관현

반면 일본 육사 졸업생 중에서 노백린, 이갑, 유동열, 김광서는 독립운동의 길에 일생을 바쳤다.

결사의 자유가 봉쇄된 탓에 1910년대엔 친일 조직조차 없었는데 다만 있었던 것이 대정친목회다.

전직 관료, 귀족, 대지주, 실업가 들이 친목 도모와 내선융화를 위해 모인 조직이지.

大正觀睦

회장은 조중응이고

1907년 법부대신으로 정미칠적에, 1910년엔 농상공부대신으로 경술국적에 이름을 올림

대정친목회는 일본의 식민지 지배를 적극 옹호했다.

내선융화 깃발 아래~

천황폐하 만세~

이 시기 친일 활동과 관련해 논쟁의 중심이 된 인물로 장지연이 있다.

을사조약 시 명칼럼으로 만인을 격동시켰던 그는

어흐흐흑

시일야방성대곡

아! 원통한지고, 아! 분한지고. 우리 2000만 동포여! 노예된 동포여! 살았는가 죽었는가? 단군과 기자 이래 4,000년 국민 정신이 하룻밤 사이에 홀연히 망하고 말 것인가? 원통하고 원통하다. 동포여! 동포여!

1908년엔 블라디보스토크에서 〈해조신문〉 주필을 맡기도 했다.

해됴신문

이듬해 진주에서 창간된 〈경남일보〉의 주필로 초빙되어 1913년까지 활동했다.

최초의 지방신문으로 황현의 절명시를 실었다가 정간되기도 했지.

그치만 창간호부터 친일적 성격을 보이기도.

慶南日報

그러나 1914년부터 1918년까지 〈매일신보〉에 약 700여 편의 한시, 논설을 연재했는데 일본과 총독부 통치를 찬양한 글이 제법 많다.

천황을 찬양하고 하세가와 총독을 찬양하고…

맛이 갔다고 해야겠지.

총독부에서 신정(新政)을 시설(施設)한 이래로 착착 구폐를 개혁하고 신화(新化)를 선포함에 있어 조선 구습의 풍속도 점차 개량되어 변천하는 경우에 이르렀다. – 1915년 1월 1일 자

일본은 세계로 웅비하는 동양의 패왕이므로 일본을 중심으로 동양인이 서로 제휴하여 장벽을 없애고 동제공장(同濟共仗)하여 동양의 평화를 보전할 것… 일본은 비록 우리 조선과 물을 끼고 나뉘어 있으나 그 국경이 서로 이웃이고 인종과 문화 역시 우리와 상동하다. – 1916년 9월 16일 자

장 선생을 〈매일신보〉로 모시느라 내가 애를 엄청 썼지. 절친이기도 하고.

← 당시 경성일보 사장 아베 미쓰이에

관리들과 하층의 친일

병합 시 황실과 가까운 이들이나
병합에 기여한 이들은 귀족 작위를 받았지만

후작　백작
자작　남작

다수의 중앙 고위 관리들은 졸지에
자리를 잃은 꼴이 되었다.

총독부 고위직은 죄다
일본인들 차지.

그렇게 배제된 이들 중 상당수는
중추원직을 얻었다.

아쉽지만
그래도
체면은
유지한 셈.

일본인들이
그렇게
경우없진
않은갑소.

중추원은
1894년에 개설되어
국왕 자문기관으로
존속했는데

독립협회 활동가들은
이를 사실상의
입법기관으로 만들려고
했죠. 결국 실패했지만.
대한제국 시절엔
원래의 국정자문
기관으로 기능했고.

총독부는 이를 그대로 존속시키고
역할도 그대로 유지하는 모양새를 취했다.

총독부의
국정 자문임.
의장은
정무총감이
맡고,

부의장 1명,
고문 15명,
찬의 20명,
부찬의 35명으로
구성한다.

1921년대엔
찬의와 부찬의
구분이 사라지고
참의로 바뀌지.

조선인 몫의 초대 부의장은
김윤식이 맡았고

이후 이완용, 박영효 등이 뒤를 이었다.

요건 내가 먼저였지. 나의 승리!

쳇

중추원 의관들에겐 나름의 급여도 제공되긴 했지만

중추원분국 이완용 金壹千六百元

할 일이 없었다.

지위에 비해선 큰 돈이 아니지만 노동의 대가론 엄청 큰 돈이야.

빵빵

중추원 회의는 1년에 고작 한 번 열렸고 그나마도 정치적인 문제로 자문을 구한 적은 없었다.

한마디로 말뿐인 국정자문 기구라는.

그래도 친일 인사들에겐 중추원 의원이 되는 게 대단한 영광이었던 모양. 중추원 의원이 되기 위한 로비가 치열했다 한다.

총독부로

일본 정가로 바쁘다, 바빠.

중추원 의원이 되는걸 최고의 영예로 아는 듯.

각도 관찰사들은 병합과 함께 상당수가 바뀐 도장관으로 유임되었고

이건 내다 버리거라.

00도관찰사...

00도장관 金0

더러 일본인으로 교체된 경우에도 참여관 등으로 임명되었다.

XX도장관

XX도 참여관 000

그러나 이후 도장관 대부분은 일본인으로 교체되어갔고

얘기했잖아. 도장관은 조선인이 맡기엔 너어무 높은 자리라고.

조선인으로서 도장관까지 오르기란 무척 어려웠다.

이제 알겠지? 내가 얼마나 대~단한 능력자인지.

대~단한 친일 인사라는 것도 자알 알겠네요.

탁 탁

도장관...

군수들은 대부분 유임되었다.

대한제국 군수에서 대일본제국 군수로.

이후로도 군수는 대부분 조선인이 맡았지만

군수

내무주임인 일본인이 사실상 상전이었다.

요거는 다시 검토하신 뒤 결재하시죠. 총독부의 시책과 안 맞는 부분이 있습니다.

아!··· 그런···가요?

내무주임

면장과 면서기는 총독부의 정책을 대중에게 전하는 창구.

더러 조선인 주민들을 대변하는 역할도 했지만

지역민들의 뜻이 워낙···

그래서?

군수

본질적으로 총독부 정책의 집행자일 수밖에 없었다.

이번 총독 각하의 특별 지시에 발맞춰 우리 면민은···

경찰의 경우에도 서장급은 물론 그 아래의 간부급도 거의가 일본인이었고

조선인은 하급 경찰관이 대부분이었다.

헤이! 꼬봉! 이리 와,

젠장 이 놈의 순사질 확 떠려치워 버릴···

그런데 순사나 순사보 같은 하급 경찰관이나 헌병보조원이 조선 청년들에겐 꽤나 인기였고

···수야 없지.

와! 순사다! 완전 부럽···

어렵사리 순사보가 된 이들은 순사 혹은 그 이상으로 진급하길 원했다.

경부, 아니 경부보까지라도···

진급의 길은 공을 세우는 것이고

으뜸가는 공은 역시 독립운동가들을 색출, 검거하는 일이었다.

따라서 이를 위해 사적으로 밀정을 두는 등

독립운동가 체포와 반일 조직 적발에 혈안이 된 이들이 많았다.

그럼에도 불구하고 조선인 경찰들의 출세는 어려웠다.

경시 이상 간부급의 조선인 비율은 언제나 10~20% 정도였지.

너무 많은 거 아냐?

순사 이하에선 1910년대까지는 조선인이 더 많았고 1920년대 이후에도 40%는 차지했는데...

지역의 유지인 대지주나 금융조합장들의 상당수도 친일로 흘렀다.

임자들은 일본 세상 살아보니 어때? 솔직히들 말해봐.

글쎄... 생각보다는 나쁘지 않네.

허~ 솔직하지 못하군. 자네, 병합 이후에만 재산이 두 배로 불었잖아. 대한제국 때보다 훨씬 좋다고 해야지.

재산이야 그대가 더 늘었지.

하지만 아직은 노골적인 친일이 쉽지 않았다.

나는 아주 대일본제국 만세라고 외치고 싶다니깐.

어허! 이 사람. 누가 들으면 어쩌려고?

병합 전 일진회 회원이란 이유만으로 피습당하고

가옥이 불탄 경험들이 아직 생생하다.

여기에다 흉흉한 소문들이 새로이 더해진다.

옆 고을 갑부자 집에 독립군이 찾아와 군자금을 요구했대.

말도 마시게. 군자금을 내놓지 않았다가 칼 맞고 총 맞은 부자들이 한둘이 아니라드만.

그래서 초기 그들의 친일은 조심스러웠지만

자넨 독립군이 찾아와 군자금을 요구하면 어떡할 건가?

글쎄… 신고해야 하나 아님 몇 푼 내놓아야 하나 …

총독부 통치가 정착되어가면서부터는 그들의 행동도 거침없어져갔다.

솔직히 나라가 이만큼 문명화된 것도 일본 덕이지 않은가?

그러엄. 아직까지도 대한제국이었어봐. 어림도 없었을걸.

참 요번에 아들이 일본으로 유학갔다며?

그리 됐네. 기왕이면 아주 일본인이 돼서 돌아오라 했지.

지주와 소작인 그리고…

총독부 통치와 토지조사사업으로 인해 자의적 징세는 많이 사라졌다.

전보다 나은듯.

옛날엔 수령들이 있는 세금 없는 세금 닥치는 대로 거둬가서 죽을 맛이었는데요.

솔직히 그건 그래. 세금 때문에 고향을 뜬 사람들이 많았잖아.

지금은 딱 정해진 만큼만 지세를 내면 되니까 아무래도 더 낫…

거봐! 우리가 통치하니 얼마나 좋니?

대신에 지주-소작 관계가 정착되고

지주의 힘이 크게 강화되었다.

땅을 사고팔기가 훨씬 쉬워졌고 소작인들 다루기도 엄청 쉬워졌지.

드르륵…

내 자네들을 부른 것은 다름이 아니고 올해부터 소작료를 마지기당 두 말씩 올릴까 해서네.

왜 소작료가 너무 높은가, 그럼 강요는 안할 테니 다른 집땅을 부치게나.

아닙니다요, 그렇게 하겠습니다.

저희도요.

소작료를 올려도 소작을 부치겠다는 작인들이 많으니 주도권은 언제나 내가 쥐고 있지. 흥흥

변화된 경제 환경도 지주들에겐 매력적이었다.

일본에?

동척과 일본인 지주들은 조선에서 지은 쌀을 일본으로 실어다 팔았다.

이를 위해 도로, 항만 등이 신설되거나 확장되었다.

가격을 잘 쳐주니 조선인 지주들도 뒤따랐다.

우리도 일본으로!

갈수록 돈벌기가 쉬워진단 말씀야.

최대 쌀 수출 항구인 군산항은 쌀가마로 넘쳐났다.

이때 일본으로 실어 나른 쌀의 성격을 둘러싼 논쟁이 있다.

순수한 수출.

무슨 소리? 식민지 수탈이야.

비록 일본의 식민지 정책에 따른 결과이긴 해도 이때까지는 수출의 성격이 더 크지 않나 싶다.

輸出

당연하잖아. 조선 역내에서 생산된 상품인 쌀을 더 큰 이익을 남기기 위해 일본에다 팔았으니 전형적인 수출이지.

그러나 뒤에 보겠지만 1940년대의 강제공출은 물론

종자와 자가 소비에 필요한 만큼만 제외하고 모두 공출한다.

물론 가격은 제대로 쳐준다.

뻥

1920년대의 산미증식계획과 결부된 쌀 수출엔 수탈의 측면이 크다 하겠다.

미리 말하자면 쌀 증산량보다 수출량이 훨씬 많았다는 거.

결국 일본인만 배부르고 조선인은 굶는 결과를 가져왔죠.

어쨌든 해마다 쌀 생산량의 10%가 넘는 쌀이 '수출'되면서

조선의 쌀값도 따라 올라 도시민들의 삶은 더욱 팍팍해졌다.

하루 날품을 팔아서 고작… 휘유우~

곡물상회 쌀

전당포

신난 것은 지주들.

히야! 이것 봐라.

허! 땅이 해마다 큰 돈을 안겨준단 말야.

더 큰 돈을 벌려면?

당연히 더 많은 땅이 있어야겠지.

몰락하는 자작농의 땅을 사거나

으윽

급전이 필요한 자작농에게 돈을 빌려주었다가

남편이 태형을 맞아서 병구완을 안 했다간 불구가 될 형편인지라

빌려주는 건 어렵지 않지. 대신 담보는 땅으로, OK?

네~

땅문서로 받곤 했다.

인생의 낙 중에서 최고는 땅문서가 쌓여가는 것을 보는 즐거움인 듯. 아! 조오쿠나!

곳곳에 천석지기, 만석지기 들이 늘어갔다.

내 땅 한번 돌아보는 것도 지치네 그려. 핫핫핫

반면 소작농의 수는 훨씬 더 늘어났다.

대대로 물려받은 전답 다 잃고... 흑흑

지주의 눈 밖에 나서 소작을 떼이기라도 하면

그만 딴 데 가서 알아보게나.

콰앙

살길이 막막했다.

...

이들이 갈 곳이라곤 도시의 변두리,

부두에서 하역 작업을 하거나

도로 공사장, 부자들의 허드렛일 같은 날품팔이로 연명해야 했다.

더러는 새로 생겨난 공장의 노동자가 되었다.

공장 노동도 힘들긴 매한가지.
노동시간은 12시간을 넘기는 경우가 허다했고

임금은 일본인 노동자의 절반에 불과했다.

동일 노동
차등 임금

너무 억울해
하지 마.
100년 뒤에도
이럴 거니까.

그런데 그런 자리라도 얻을 수 있으면
다행이었다.

벌써 다
모집됐어.
가 봐.

구인 광고를 보고
찾아왔습니다만
...

○○공업사

참말로
이상도 하지.

뭐가?

서상은 날로
화려해지는데
우린 왜 전보다
더 많은 시간을
죽어라 일하는데도
입에 풀칠하기가
점점 더
어려워지는 걸까?

그러게 말야.

늘어나는 이민자들

농촌에서 살 수 없게 된 이들이 도시로의
이주보다도 더 많이 선택한 행로는

국외로의 이민이었다.

내 인생에
국외 이민이라니?
상상도 해본 적
없었다우.

조선인들이 가장 많이 찾은 곳은 간도였다.
간도의 위치나 명칭의 유래에 대해선
여러 설명이 있지만

보통 훈춘(혼춘), 왕칭(왕청), 옌지(연길),
허룽(화룡) 일대를 일컫는다.

둔화
왕칭
안투 옌지 훈춘
허룽

나중엔 둔화(敦化),
안투(安圖) 지역을
포함해 동간도 혹은
북간도라 불렀고
백두산 서쪽 지대를
서간도라 불렀지요.

이 지역을 청나라는
자신들의 발상지라 하여
신성시하면서
봉금(封禁)정책을 폈고
그 결과 이 지역은
오랫동안 빈 땅이었다.

조선의 심마니들이 월강해 이 지역에서 삼을 캐다가 붙잡혀
목이 달아난 예도 많았다.

그러나 19세기 중엽
청나라의 통치력이 이완되고

조선에는 연이어 흉년이 들면서

목숨을 걸고 강을 건너는 이들이 생겨났다.

처음엔 봄에 건너가 농사지을 만한 땅을 골라 개간하여 씨를 뿌리고

가을에 수확해 돌아오곤 하다가

가족 단위로 이주해서는

정착하는 이들이 늘어갔다.

어느덧 숲과 덤불로 뒤덮였던 땅 곳곳에 경작지가 생겨났고 해를 더할수록 면적이 넓어져갔다.

이에 청국에서도 이 지역에 대한 개발의 필요를 느껴 봉금령을 해제하게 된다.

냅뒀다간 곤란한 상황이 올 수 있겠거든.

먼저 와 개척해 정착하고 있던 조선인들의 존재가 논란이 되었는데

조선 측에서도 개입하면서

양국 간 간도 영유권 논쟁으로 확대된다.

특히 백두산정계비의 표현을 두고
양국의 주장은 팽팽히 대립했다.

그런 와중에도 이주민은 계속 늘어 1890년대엔
간도 전역에 조선인 촌락이 형성되었다.

1900년대엔 벼농사까지 자리 잡게 된다.

동간도(북간도) 지역에선 함경도 출신이

우리는 두만강을 건너왔지비.

아바디~

서간도 지역에선 평안도 출신이 주를 이루었다.

우리는 압록강을 건너왔드랬소.

사정이 이에 이르자 대한제국 정부도 1902년에 이범윤을 간도시찰사로, 이듬해엔 간도관리사로 임명한다.

내 임무는 한인의 호구를 조사해 행정 제도와 조세 제도를 마련하는 것.

대한제국의 외교권을 강탈한 일본은

머량아 조선 땅이 곧 우리 땅이 될 것이니

한국의 주장을 수용하는 척하면서

간도는 조선 땅!

간도파출소를 세운다.

조선인 보호를 위하여!

그리고 이를 흥정 밑천으로 삼아 1909년 이른바 간도협약을 체결한다.

간도는 청국 영토 인정!

대신 간도 내에 외국인 거주 또는 무역지 4개 처 개방, 길림 - 장춘 철도를 조선 회령까지 연결.

말하자면 일단 만주를 공략할 교두보는 마련한 셈이지.

그렇게 간도 영유권은 청국에로 귀속되었지만

이후로 청국인과 동등하게 대할 테니 그대들도 청국의 법률에 복종해야.

강제 병합 이후 이주민은 더욱 늘어 1910년대에 이미 30만에 육박했다.

에미나이 고향이 오데네?

날래 날래 오라우.

머라캐썼노

그럼 머시 중헌디?

고저 우리는...

그류~?

옵다강?

러시아령 연해주(프리모르스키 지구)로의 이주도 비슷하다.

이만 (현 달네레첸스크)

우수리스크

블라디보스토크

훈춘

경흥

니홋카

1860년대 후반부터 시작된 조선인 이주는

러시아 당국의 우호적인 태도로

와서 개간해주면 땡큐지.

그 수가 급증해서 1908년 당시 6만여 명, 1910년대엔 다시 두 배 이상 증가했다.

한인들은 블라디보스토크, 우수리스크, 니콜라옙스크(니항) 등 곳곳에서 한인촌을 형성했다.

하와이에서도 한인들이 독자적인 사회를 형성해갔다.

아리랑 아리라앙~

1902년 사탕수수 농장 노동자로 이민을 떠나기 시작해

거기···· 하와이에 대해 뭐 좀 들은 거 있수?

글쎄 뭐 태평양 한가운데 있는 미국 섬이라는 거 말고는···

노동 이민은 1907년경까지 이어졌는데 이주자 수는 7,000명이 넘었다.

이때 전체 하와이 인구는 약 15만 정도니 우리 조선 사람이 5% 가까이 되었지요.

참고로 우리 일본인들이 제일 많았지.

그들은 사탕수수 농장에서 노예 같은 노동에 시달렸고

빨랑빨랑!

떡

견디지 못한 이들은 귀국선을 탔는데 그 수가 2,000명이 넘었다.

그렇게 일하면야 어디선들 못 살겠누?

남은 이들의 형편은 계약 기간이 끝나면서 다소 나아졌다.

노동 시간은 줄고 임금은 오르고

솔직히 그 동안은 사람의 삶이 아니었지.

이들이 나이를 먹어가자 가정을 꾸리는 문제가 대두되었다.

이렇게 이역만리에서 장가도 못 가보고 살다가 죽는가? 훌쩍~ 일할 맛 안 나네.

그래서 나온 해결책이 이른바 사진결혼이다.

달랑 사진 한 장을 보고 1,000여 명의 조선 처녀들이 하와이로 건너와 결혼을 했다.

일본으로 이주하는 이도 제법 있었다. 중개업자들의 모집에 응해

일본행을 택한 이들을 맞이한 것은

약속과 다른 장시간 노동과 저임금,

가혹한 처우였다.

이렇듯 1,000년을 넘게 정주 민족으로 살아온
이 땅의 사람들이

나는 시집오기 전
16년은 옆 마을에서,
그 다음 6여년은 이 마을에서
살았지. 5리 밖은
나가 본 적도 없어.

다들 그렇게 살지.
그렇게 못 살고
고향을 등져야 하는
사람들이 불쌍한
사람들이여.

먹고살기 위해 강을 건너고

바다를 건너 미지의 땅으로 떠났다.

이 땅에서의 삶이 그만큼 팍팍했기 때문이리라.

당연하지.
고향 떠나고 싶은
사람이 어딨겠어?

어허! 총독 정치의
은혜를 부정하는
발언일세.

그리고 다른 이유로 국경을 넘은
이들도 있다.

찌
릿 ☆

거국행 去國行   - 안창호

간다 간다 나는 간다 너를 두고 나는 간다
잠시 뜻을 얻었노라 까불대는 이 시운이
나의 등을 내밀어서 너를 떠나가게 하니
이로부터 여러 해를 너를 보지 못할지나
그동안에 나는 오직 너를 위해 일하리니
나 간다고 설워 마라 나의 사랑 한반도야

간다 간다 나는 간다 너를 두고 나는 간다
저 시운을 대적타가 열혈루를 뿌리고서
저 네 품속에 누워 자는 내 형제를 다 깨워서
한번 기껏 해봤으면 속이 시원하겠다만
나중 일을 생각하여 분을 참고 떠나가니
내가 가면 영 갈쏘냐 나의 사랑 한반도야

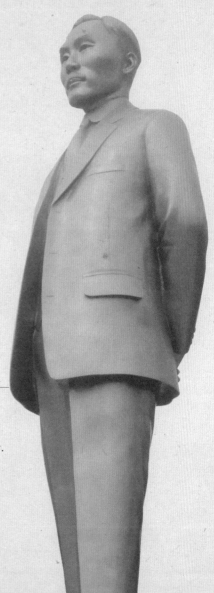

도산 안창호 선생이 강제 병합되기 전
중국을 거쳐 미국으로 망명을 떠날 때 남긴 이별의 노래다.
일명 '한반도 작별가'로 이 가사에 곡이 붙여져 창가로 유포되었는데
당시 일제의 핍박으로 국경을 넘어야 했던 이주민과 망명객의 심금을 울렸다.
사진은 도산공원 내에 있는 안창호 선생 동상.

대종교 삼종사 묘역

북간도는 우리 동포들이 가장 많이 거주했던 곳이다.
대종교 인사들은 이 지역을 중심으로 교세를 확장하고
독립운동의 근거지로 삼았다.

북간도

서간도

상하이 와이탄

상하이는 서구 열강의 조계지가 있어 외교 활동을 벌이기가
용이했다. 또한 당시 중국은 신해혁명의 소용돌이 속에 있어
중국의 혁명가들과 교류할 수 있는 기회가 많았다.

상하이

우리는	1910	국권피탈	1911	105인사건	1912	토지조사령
세계는		멕시코혁명		신해혁명		다이쇼 데모크라시

제3장

망명하는 사람들

1900년대 초기 연해주로 망명한 이들을 비롯해,
강제 병합이 가시화되자 신민회는 기획 망명을 통해 항전을 준비한다.
뜻있는 청년들은 독립운동의 무대로 상하이를 선택하고,
대종교는 북간도를 중심으로 항일 지사를 불러 모아
독립운동의 근거지로 삼는다.

삼원보 전경
신민회가 독립운동 기지로 선택한 곳이다.
이회영 6형제, 이동녕, 이상룡, 김동삼,
유인식, 김대락 등 독립지사들이 이주하여
미래를 준비했다.

| 1913 | 흥사단 조직 / 위안스카이 대총통 취임 | 1914 | 대한광복군 정부 수립 / 제1차 세계대전 발발 | 1915 | 대한광복회 조직 / 21개조 조인 |

초기의 망명가들

의암 유인석은 단발령에 항거해 거병한
위정척사파의 대표 인물.

사정이 여의치 않자 1896년에 이미 서간도로
망명했다.

무슨 일로
왔소?

우리는 조선의
의병으로서 중국의
지원을 기대하고
왔소이다.

그러나 도리어 무장해제당했고
그곳에 정착해 살다가

1900년에 귀국했지만 1907년 고종이 강제 퇴위를
당하자 다시 연해주로 망명했다.

홍범도는 평안도 출신으로
머슴, 건설 노동자, 사냥꾼 등을
전전했던 인물.

을미의병이 일어나자 십수 명의 동료를 규합해
유인석 의병진에 들어가 활동했다.

해산 후 산포수 생활을 하다

1907년 정미의병 시
함경도 갑산 땅에서
차도선 등과 거병했다.

1907년 12월 삼수전투에선
일본의 함흥, 북청, 갑산
수비대에 막대한 타격을
안겼고

수십 회의 소규모 유격전으로

일본군을 적잖이 괴롭혔다.

일본군의 대규모 토벌 공세가 이어지자

연해주로 망명했다.

근거지가 필요해.

홍범도와 직간접적으로 함께 활동했던
북부 일대의 의병장들인 조병준, 전덕원,
이진룡, 조맹선, 박장호 등도

의병투쟁을 이어가다가
강제 병합이 이뤄지자
앞서거니 뒤서거니
망명을 택했다.

간도관리사였던 이범윤은
그곳 포수들을 중심으로
자위대 성격의 부대를 꾸렸는데

러일전쟁이 발발하자 의병으로 전환하고 러시아군과 함께 일본군에 맞서 싸웠다.

전쟁이 끝난 뒤엔 연해주에 남았다.

의병 출신 외에도 망명을 택한 이들이 많았다.
이상설, 이동녕, 정순만, 여준 등은

1906년 룽징춘(용정촌)에 터를 잡고 민족 교육을 위해 서전서숙을 열었다.

瑞甸書塾

이듬해에 이상설이 고종의 밀사가 되어 헤이그로 떠나고

재정난에다

월급이 안 나오니 더 버티기가 힘들어…

간도파출소의 감시까지 더해지면서

꼬맹이들 오늘 수업 재미 있었어?

쌤이 뭐라셔? 응?

서전서숙은 문을 닫는다.

그러자 그 이념을 계승해
명동서숙(뒤에 명동학교)을 세운 이가 있다.

김약연. 명동촌 건설의 주역이다.

1899년 김약연이 인솔한 가속 31명을 비롯해
네 가문 144명이 건너왔다.

중국인들에게 황무지와 임야를 사서
개간하며 개척에 힘쓴 결과

1905년 무렵엔 마을 규모가 900호에 이르렀다. 바로 명동촌이다.

김약연은 명동학교 교장을 맡아 민족 교육에 힘썼다.

하얼빈에서 이토 히로부미를 저격해 세상을 격동시켰던 안중근과

그의 동료들도 이 시기의 망명자들이다.

이렇듯 뜻있는 많은 이들은 진작부터 독립을 위한 항전의 방편으로 망명을 택했다.

신민회와 기획 망명

항일을 위한 망명을 조직적으로
준비하고 결행한 주체는
신민회다.

新民會

1907년 미국에서 활동하던 안창호가 귀국했다.

일찍이 만민공동회 시절 명연설로
이름 높았던 그는

1902년 미국으로 유학을 떠났더랬다.

타고난 조직가인 그는 그곳에서 한인들을 조직해
1905년 공립협회를 세웠다.

공립협회 창립식

저는 회장으로서
동지들의 뜻을
받들어 조국의
국권 회복과
…

이어 LA 옆 소도시인 리버사이드에서
대한인신민회를 조직하고

조직원들의 뜻에 따라 귀국하게 된 것.

여기서의 조직 만으로야 뜻을 이룰 수 있겠습니까?

우리가 자원을 아끼지 않을 테니 고국으로 가서 조직을···

동지들의 뜻대로 하겠습니다.

안창호는 양기탁 등
〈대한매일신보〉 쪽 인사들과

옛 독립협회 동지들을
규합해나가는데

상동교회 전덕기 목사를 만나면서
조직 사업은 급진전한다.

우리가 꿈꿔오던 일이 바로 그것이오. 안 동지!

!!

이전 서울의 상동교회엔
상동청년회가 있었다.

당시 전도사였던 전덕기가 주도한 단체로 그 면면들이 쟁쟁하다.
정순만, 박용만, 이회영, 이상설, 이준, 이갑, 이승훈 등.

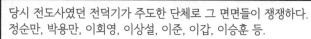

을사조약이 체결되자 연일 대중집회를 열어 규탄하고

반대 상소를 주도하는 한편,

오적 암살단을 꾸리기도 했다.

평안도의 장사들을
모아 해치웁시다.

민족 교육을 위해 청년학원을 설립했는데
이승만이 교장을 맡고 주시경, 최남선 등이 교사로 일했다.

감옥에서
풀려나오고
아주 잠깐

이승만   주시경   최남선

그 밖에도 한글 강습회,
잡지 발간 등의 사업을 벌였다.

앞서 본 룽징춘의 서전서숙도
이들의 주도로 이루어진 데서
알 수 있듯이

瑞甸書塾

이들은 진작부터 해외 망명과
근거지 건설에도 생각을
미치고 있었다.

하루 아침에
끝날 싸움이
아닌 고로
. . .

헤이그밀사사건의 중심에도 상동청년회가 있었다. 전덕기, 이회영 등이 의논해 특사 파견을 상소했고

고종이 수락해 이준에게 위임장을 내렸던 것, 이준은 블라디보스토크로 가서 이상설과 동행해 헤이그로 갔다.

이즈음 청년회는 해산되었지만 전덕기는 담임목사가 되어 있었고

옛 회원들과 본격적인 항일 활동을 위한 조직을 준비 중이었다.

전덕기와 상동교회 측 지사들은 안창호의 제안에 즉각 호응했다.

마침내 신민회가 출범했다.

구습 타파, 실업장려, 교육 진흥 등을 내세우되 국권 회복과 공화제 실현을 궁극적 목표로!

다만 당장은 실현이 어려우니 우선 실력을 기르고 실력이 배양되면 일제히 궐기해 국권을 회복한다.

참고로 7인의 발기인 중 우리 두 사람을 뺀 나머지는 모두 우리 상동청년회 핵심 회원들이었다오.

안창호   양기탁

목표가 목표이니만큼
당국에 결성 사실을 알리지 않았다.

비.밀.결.사.!

총감독엔 양기탁,

만민공동회 간부였고
영국인 기자 베델이
〈대한매일신보〉를 창간할 때
참가했으며 이즈음엔
〈대한매일신보〉의 주필로서
국채보상운동에도 적극
참여하고 있었죠.

총서기는 이동녕,

독립협회 활동을 했고
〈제국신문〉 논설위원으로
있었죠.

YMCA 운동을
전개했으며
상동청년회 활동도
앞장서서 벌이던
사람입니다.

서전서숙
건립에도
참여하고.

재무는 전덕기 목사가,

집행위원은 안창호가
각각 맡았다.

독립협회운동, 애국계몽운동의 길을
함께해온 전국의 지사들이 속속
가입했다.

당연히
함께해야죠.

고맙소.

무관 출신의 이동휘,

일본 육사 출신의 노백린, 유동열,

언론인이자 저술가로 이름 높은 신채호, 박은식,

독립협회의 지도자였던 윤치호도 합류했다.

전국적으로 수백 명의 회원을 확보한 거대 조직으로 신민회는 자리 잡아나갔다.

회원 상당수가 저명한 애국계몽운동 출신입니다.

정주의 오산학교,

강화의 보창학교,

평양의 대성학교를 비롯해 수십 개의 학교들이 세워지고

계몽 강연,

서적 및 잡지 출판,

참고로 나 최남선이 창간한 〈소년〉도 사실은 신민회와 연관된 잡지로 신민회의 입장을 대변했습니다.

산업진흥운동이 전개되었다.

민족산업 육성을 목표로 평양의 자기제조 주식회사 등 몇몇 회사를 세웠지만 일본 자본과의 경쟁에 밀려 이렇다 할 성과를 거두지는 못했소이다.

그런데 군대가 해산되고 정미의병이 거세게 일어나면서

신민회 내에 인식 변화가 생겼다.

독립전쟁이라 ....

본래 의병운동 그룹과

유학자가 주도

무력 항쟁!

계몽운동 그룹은 뿌리도 성격도 달랐다.

신학문을 접한 사람이 주도

계몽과 실력 양성!

특히 계몽운동가들 중에선
사회진화론의 영향을 받아

약육강식이
세계의
법칙인데

일제의 주장에 동조하는
데로 빠진 이들도 많았다.

힘 없는 우리가
무슨 수로 독립을?
일본의 도움 아래
우선 실력을
키워야.

계몽운동 계열이나 독립에의 지향이
높았던 신민회가 독립 전쟁 노선으로
기울게 된 것.

그래. 결국은
무력으로 승부를
봐야겠지?!

문제는 지금의 의병 같은
열악한 무기와 준비로는
어렵다는 사실이오.

제대로 된 무기와 훈련이
필요하고 이를 위해선
해외에 독립전쟁 기지가
마련돼야 하오.

그렇게 하여
준비하다 보면
결정적인 때가
오지 않겠소?

결정적인 때라면?

주변의 강국들이
왜놈들과 일전을
벌일 때요.

러시아도
지난 번의 패배를
설욕하려 들 테고

중국도 마냥
왜놈들의 대륙 침략
움직임을 방관만 하건
않을 거요.

듣자하니 근래에
미국 내에서도
반일 기운이 거세게
일고 있어 어쩌면
미일전쟁도 일어날수
있다 하오.

이런 정세 판단 아래 신민회는 1910년 3월
긴급 간부회의를 열어 독립 전쟁 방략을
채택한다.

다들 이의
없으시니
독립전쟁 방략을
우리의 기본 노선으로
채택합니다.

독립 전쟁 방략을 실현하기 위한 구체적인 활동 목표도 세워졌다.

기지는 왜놈들의 통치가 미치지 못하는 만주나 연해주에 마련하는 게 좋겠습니다.

우선 무관학교를 세워 정예 독립군을 양성해야 할 것이외다.

그러자면 토지를 많이 구입해야 할 터이니 자금도 많이 필요할 것입니다. 각자 최대한 조달하고 다른 방편도 찾도록 합시다.

기지로 삼을 곳을 정하는 것이 시급하니 후보지를 살펴보도록 합시다.

안창호,

신채호,

이갑,

유동열 등이 답사차 먼저 출국했다.

그사이 강제 병합이 이루어지자

남은 사람들은 망명 계획을 서두른다.

형님들과 아우님들께 긴히 의논할 일이 있어 이렇게 자리를 마련했습니다.

이회영은

형제들을 모아 독립운동을 위한 집안 차원의 망명을 역설한다.

이건영, 이석영, 이철영 등의 형들과

구구절절 옳은 말이구나.
옳은 말이면 따라야지.

그럼요 형님.

함께 신민회 활동을 해온 아우 이시영, 그리고
이호영까지 6형제 모두 선선히 동의했다.

저희도
당연히.

내로라하는 갑부였던
둘째 이석영을 비롯해

6천석지기
땅 부자였지.
양아버지로부터
물려받은 거야.

형제들은 급히 가산을 처분했고

시세보다 너무
헐값에 팔았어요.

괜찮소, 부인.
팔렸으면 됐소.

오늘의 시세로 치면
소값 기준으로
수백 억이 넘는답니다.

일가 60여 명이 강제 병합된 그해 겨울 망명길에 나섰다.

여기가
어디죠?

휘이이이

삼원보라
부르는
곳이오.

잉

독립협회 시절부터
이름 높았던 이동녕,

의병운동과 계몽운동을
모두 경험한 이상룡,

이상룡과 안동에서 협동학교를
함께했던 김동삼, 유인식 등이 뒤따랐다.

김대락은 안동의 보수적인
유학자.

오늘 같은
야만적인
시대일수록
더욱 주자의
가르침을 높이
받들 …

이상룡, 김동삼, 유인식 등이 협동학교를
세워 새바람을 일으키는 것을 보고는

신교육   민족의 미래
협동학교 짱

…
아닌가?

이내 생각을 돌려

이보시게들!

협동학교

자신의 집을 학교로 쓰라고 내놓았던 이다.

학교가
좁아보이는데
내 집을 학교로
쓰지 않으시겠소?

네??

여기라네.

고맙습니다
어르신!!

교사로 쓰였던
김대락의 가옥은
지금도 옛 모습
그대로 남아
있습니다.

그 역시 전 토지를 매각해 50여 명
대가족을 이끌고 서간도로 향했다.

할아버지
올해 연세가
어떻게 돼요?

66.

상하이로 간 사람들

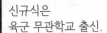
신규식은
육군 무관학교 출신.

을사조약 소식에
지방 진위대와 연락해
거사를 도모하다 실패하자

털썩

음독자살을 기도했다.

실패하면서 목숨은 건졌지만

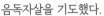
오른쪽 시력을 잃었다.

강제 병합 소식에
다시 음독했는데

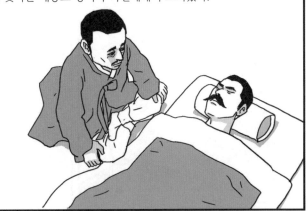
때마침 찾아온 대종교 창시자 나철에게 구조되었다.

이듬해 상하이로 갔다.

쑨원,

천두슈 등 중국의 혁명가들과 사귀고

중국동맹회에 가입했으며

중국 혁명의 성공이 우리 민족의 해방에도 도움을 줄 거야.

中国同盟

신해혁명에 참가했다.

초기 신해혁명에 참가한 유일한 조선인일걸.

박은식은 〈황성신문〉, 〈대한매일신보〉의 주필을 지냈고

신민회에도 가입했으며 의병운동과의 연계를 주장했던 인물.

1911년 만주로 망명해 대종교 간부 윤세복의 집에 머무르면서 왕성한 저술 활동을 행했다.

국체는 망해도 국혼은 살아 있어야.

이때 지은 책들로는 《동명왕실기》, 《발해태조 건국지》, 《천개소문전》, 《대동고대사론》 등이 있습니다.

이후 상하이로 건너와 《한국통사》를 지었는데

韓國痛史

국내외 지사들을 격동시키고

총독부 학무과를 긴장시켰다.

조소앙은 열여섯의 나이에 성균관에 입학하고

2년 뒤엔 황실 유학생으로 일본에 유학했다.

유학 시절 일본인 교장의 발언에 분노해

조선 민족은 열등하기 때문에 우리 일본이 조선을 보호하고 지배하는 것은 당연...

동맹휴학을 주도, 항의했다.

메이지대학 시절엔 유학생운동을 주도하고
을사조약 소식에 일진회의 매국 행각을 규탄하는
집회를 열기도 했다.

1912년 메이지대학을 졸업하고
귀국하여 경신학교 등에서
교편을 잡다가

이듬해 상하이로 건너왔다.

유년 시절 불우했던 김규식은 언더우드 선교사의 보살핌 아래
공부했다.

서재필의 권유와 언더우드의
후원으로 1897년 미국으로
유학을 떠났고

1904년
프린스턴대학 대학원에서
영문학 석사 학위를 받았다.

귀국해서는
목사가 된 언더우드의
비서 일을 시작으로 교회와
관련한 일을 하는 한편

경신학교, 배재학당,
숭실학교 등에서
학생들을 가르치기도 했다.

1913년 중국으로 망명해서는
이미 와 있던 독립지사들은 물론 중국 혁명가들과도
적극 교류했으며 중국 혁명에도 참여했다.

언어에 재능이 비상해서
영어, 프랑스어, 독일어, 일어,
중국어, 몽골어, 산스크리트어를
구사할 수 있었다 한다.

그는 상하이의 여러 독립지사들에게
영어를 가르치곤 했는데
고집스러운 제자 신채호와 얽힌
재미있는 일화가 전해진다.

아이는 애무어 코리안이교
히는 설라무네 이즈어
아메리칸…

거 좀 제대로 하세요.
우리말 조사를 왜 자꾸
끼워넣습니까?
설라무네는 또 뭡니까?

거참 —
뜻만 통하면 되지
무슨 잔소리가 그리
많습니까?

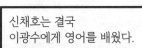

신채호는 결국
이광수에게 영어를 배웠다.

와세다대학에서 정치학을 전공하다 중단하고
상하이로 들어온 문일평,

은거한 채 공부에 전념하다
강제 병합 후 항일의 뜻을 품고
찾아온 정인보,

일찍이 기독교를 접한 후
교회 활동과 교육 활동에 힘쓰다가

1914년 난징의 진링대학(金陵大學)에서 유학하고
1917년에 상하이로 들어온
여운형 등

뜻있는 많은 청년들이 독립운동의 무대로 상하이를 주목했다.

대종교 인사들

나철(본명은 나인영)은
문과에 급제해 벼슬을 살다가

일본의 침략 야욕이 노골화되자
1905년 관직을 사임했다.

곧 미국 포츠머스에서
러시아와 일본의
강화협상이 시작된다.
중재자는 미국.

지금 우리나라에
도움을 줄 수 있는 나라는
미국밖에 없어.
직접 미국으로 가서
호소하자.

그러나 일본 공사의 방해로
미국행은 좌절되었고

꿈도 야무지셔라.
하지만 못 가.

척

···!

나철은 이기, 오기호, 홍필주와 일본으로 건너갔다.

나철
오기호
이기
홍필주

이토 히로부미 등 실력자들에게
서신을 보냈으나

··· 동양의 평화를 위해
한, 청, 일 삼국은 상호 친선 동맹을 맺고
한국에 대해서는
선린의 교의로써 도와야 ···

답장이 없자 궁성 앞에서 3일간 단식하며 항의했다.

을사조약이 기어이 체결되자
귀국해서는

매국노들을 모두
죽여 없애서
나라를 바로
잡으리라.

오기호, 이기 등과 오적 처단을 결의하고 단원들을 모아
여러 차례 시도했으나 뜻을 이루지 못했다.

그러다 1907년
조직원이 체포되면서
조직과 계획이 드러났고
나철과 간부들은 자진 출두하여

유배형을 받았다.

4개월 만에 특사로 풀려나자

1909년
오기호, 이기, 유근 등과
단군대황조신위를 모시고
제천의식을 행한 뒤

단군교를 선포했다(이듬해 대종교로
개칭했다).

이어 경전을 저술하고

교당과 지사를
세워나갔으며

경성, 동간도, 상하이, 연해주에 각각
남도, 동도, 서도, 북도 본사를 설치했다.

그러자 망국의 아픔을
느끼던 많은 이들이
대종교로 몰려들었다.

1916년 총독부는
포교 규칙을 공포하고
종교 활동 인가제를
실시했다.

대종교 측도
신청서를 제출했으나
인가를 받지 못했다.

이는 곧
우리의 활동이
불법이란 의미.
. . .

이에 나철은 구월산
삼성사에 이르러

수행을 시작하니
아무도 들어오지
못하게 하오.

조선 침탈과 대종교 탄압에 항의하는 유훈을
남기고 폐기법(閉氣法)으로 목숨을 끊었다.

대종사님—

오기호는 그동안 일관되게 나철과 행보를
함께해왔었는데

그 역시 같은 해 세상을 떠났다.

같이 가세.

나철에 이어 대종교의 교주가 된
김교헌.

독립협회운동, 만민공동회
운동에 적극 참여했던 그는

진작부터 단군 연구에
조예가 깊었다.

민족사 관련
(1904년)

神檀民史

神檀實記

고대사 →
관련
(1914년)

교주가 되어서는 동간도의
허룽현 삼도구로 총본사를 옮기고

만주를 중심으로 한 교세 확장과
대종교의 전성기를 일궈냈다.

서일은 만주로 망명한 후
대종교에 입교했고

의병 등 북만주 일대의 열혈 청년들을 모아
중광단을 조직했다. 뒷날 이를 확대, 발전시켜 조직한 것이
북로군정서다.

重光團

윤세복은 대종교에 입교한 후
형 윤세용과 수천석지기의 가산을
정리하고 만주로 망명했다.

환런현(환인현)에 동창학교,
푸쑹현(무송현)에 백산학교 등의
여러 학교를 세워 민족의식을
고취하고

여러 곳에 교당을 설립해
대종교의 확산에
기여했다.

뒷날 그는 제3대 교주가 된다.

이렇듯 대종교는 출발에서 포교까지 종교 활동 자체가 곧 독립운동이 되었다.

이에 많은 항일 지사들이 대종교로 몰려들었는데

일제의 집요한 사상 공세에 맞선 저항이기도 했다.

동조동근? 임나일본부? 타율성론? 흥!

우리는 유구한 역사와 전통을 가진 자랑스러운 단군 민족, 단군의 자손!

신규식, 박은식, 신채호, 이시영, 여준, 이동녕, 이회영, 김동삼, 서상일, 김좌진, 이범석, 김두봉, 정인보, 주시경 등이 모두 대종교인이었다.

박은식 《한국통사》 서언 중에서

옛사람이 말하기를 나라는 멸할 수 있으나 역사는 멸할 수 없다고 하였다.

대개 나라는 형形(형체)이고 역사는 신神(정신)이다.

지금 한국의 형은 허물어졌으나 신만이 독존할 수는 없는 것인가.

이것이 통사痛史를 저술하는 까닭이다.

신이 존속하여 멸하지 않으면 형은 부활할 때가 있을 것이다.

그러나 이 책은 갑자년 이후의 50년사에 불과할 뿐이니 어찌 족히 우리 4,000년 역사 전부의 신을 전할 수 있겠는가.

이를 전하는 것은 우리 민족이 우리 조상을 생각하여 잊지 않는 데 있다.

저 예루살렘이 비록 망하여 유대인이 이국을 유랑하나 다른 민족에 동화되지 않고 지금까지

2,000년 동안 유대 민족이란 칭호를 잃지 않을 수 있었던 것은 그 조상의 가르침을 보존할 수 있었기 때문이다.

인도가 비록 망하였으나 바라문이 능히 그 조상의 가르침을 굳게 지키고 부흥을 기다리고 있다.

멕시코가 스페인에 망하자 교화와 문자가 모두 멸하여 지금 인종이 비록 존재하나 외우는 바가 모두

스페인의 글이고 행하는 바가 모두 스페인화하고, 앙모하는 바는 모두 스페인 사람의 호걸이니,

멕시코 인종의 형은 비록 존재하나 신은 이미 전멸하였다.

《한국통사》는 일제의 강제 병합 뒤
중국으로 망명한 박은식(1859~1925)이
1915년 상하이에서 지은 역사책이다.
투철한 민족 사관에 입각한 통사로서
국내외 지사들을 격동시켰고,
일제하 불온서적으로 낙인찍혀 국내 반입이 금지되었다.
1915년 간행된 초판본은 현재 거의 찾아보기 어렵다.
사진은 1917년 하와이 국민보사에서 재출판한 책의 표지다.

채응언

국권이 피탈된 이후에도 많은 의병장과 의병들이 일제에 맞서 싸웠다. 채응언은 마지막 의병장으로 1915년까지 활약하다가 체포돼 평양에서 순국했다.

평양

경성

대구

대구 달성공원

국권피탈 이후 일제에 저항하기 위한 비밀결사들이 많이 조직되었다. 그중 박상진이 대구 달성공원에서 조직한 대한광복회의 활동이 활발했다.

우리는	**1910**	국권피탈	**1911**	105인사건	**1912**	토지조사령
세계는		멕시코혁명		신해혁명		다이쇼 데모크라시

제4장

국내의 저항

1910년 안악사건 이후 일본은 신민회의 해체를 위해
데라우치 총독 암살미수 사건(105인사건)을 조작하며 대대적인 탄압에 나섰다.
변화된 환경 아래서 살아남은 의병 세력과 실천적 계몽지식인들은
비밀결사운동으로 방향을 잡았고 대한광복회 등을 조직한다.

105인사건 재판
일제는 안중근의 사촌 안명근이 독립군 군자금을 모금하다가
체포된 안악사건을 기회로 신민회를 해체하기 위해
데라우치 총독 암살미수 사건, 즉 105인사건을 조작했다.

1913		1914		1915	
	흥사단 조직		대한광복군 정부 수립		대한광복회 조직
	위안스카이 대총통 취임		제1차 세계대전 발발		21개조 조인

신민회의 해체

이회영, 이상룡 등의
서간도 이주에 이어

양기탁 등
중앙의 간부들과

서북 지방의 회원들도 망명을
준비하는데

땅은 모두
팔렸습니다.

뜻하지 않은 사건이 그들을
가로막았다.

하이♪

의병을 소탕 직전까지 몰아붙인 총독부는

이쪽은
이쯤 하면
됐고

이제 주 타깃을
바꾸려 하고 있었다.

스윽

계몽운동 진영에서도 뭔가 예전보다 더욱 불온한 기운이 돈단 말야.

황해도 안악 지방의 안명근은

무관 학교를 세워 우수한 독립군을 양성하자. 그러자면 먼저 군자금을 마련해야.

동료들과 함께 지역의 부호들을 상대로 군자금 모집에 나선다.

가진 것이 이것 뿐이오.

고맙습니다. 독립전쟁의 길에 요긴하게 쓰겠습니다.

신천의 부호 민씨 집을 찾았는데

얼마를 원하시오?

그런 거금이 당장에 있을 리가 없잖소.

1만 원만 준비해주시면 고맙겠습니다.

며칠 뒤에 오면 마련해두리다.

고맙습니다. 그럼 그리 알고 다시 찾아 오겠습니다.

민씨 부자가 이를 고발하면서

무관학교를 세울 거라며 1만 원을 요구하길래 여차저차...

참 잘했소.

안명근은 1910년 12월 평양역에서 체포되었다.

안명근의 동지들과 안악을 중심으로 활동하던
계몽운동가들이 무차별 검거된다.

수십 일의 고문 조사를 거친 뒤

재판에 회부되었는데
안명근은 종신형…

김구 등 7명은 15년 형.

그 밖에도 10여 명이 5년 이상의 실형,
40명이 제주도 유배형을 받았다.
이른바 안악사건이다.

한편 안악사건 발발 직후에
총독부는 양기탁 등 33명도
검거했다.

양기탁!
같이 가자.

뭔가 연계가
있어 보여. 설령
그런 게 없더라도

막연히 신민회에 대한 심증을 굳힌
총독부는 일망타진을 꿈꾼다.

비밀스러운 조직이
움직이고 있는 건
분명해.
이 기회에 뿌리를
뽑아야는데

그러자면
그럴싸한
꼬투리가
필요하지.

그리하여 조작해낸 것이 이른바 데라우치 총독 암살미수 사건이다. 짝짝짝짝짝

서북 지방을 중심으로
무려 600여 명의
계몽운동가들이 검거되고

파
당

무자비한 심문 과정을 거친 끝에
백수십 명을 기소한다.
엮어낸 기소 이유를 들어보자.

신민회의 지도자
양기탁, 임치정,
안태국 등은 병합에
분개해

총독이 평안도를 순시할 때
암살하기로 하고 평양,
선천 등 9개 지역에서
암살을 준비했다.

1910년 11월 27일엔
안태국, 이승훈, 김구 등이
두루마기 속에 권총을 숨긴 채
수십 명을 이끌고 선천에
집결하였고,

다음 날인 28일엔
총독의 면전까지
접근했으나 엄중경계로
총을 쏘지는 못했다.

그런데 고문과 창작으로
작성된 공소장은
재판 시작과 함께
허점이 드러나기 시작한다.

혐의를 모두
부정합니다.

하나같이 혐의를 부정하는 가운데

조사 과정에서 혐의를 인정한 것은 가혹한 고문으로 인한 것일 뿐 전혀 사실이 아니오.

주모자 격인 안태국이 기고 내용을 뒤집는 결정적인 증거를 내놓는다.

27일에 내가 선천에 갔다고 했는데,

그때 나는 서울에 있었고 그것을 증명해줄 식당 영수증과 광화문 우체국 전보문이 있소.

신도 아닌 내가 같은 시각에 서울에도 있고 선천에도 있었단 말이오? 이 안태국은 앉아도 죄고 서도 죄다 이 말이오?

그리고 여기 앉아 있는 백수십 명의 피고가 나의 지휘로 선천에서 총독을 죽이려 했다고 자백했다 그랬소?

이보시오. 이 안태국이 아무리 상식 없는 쵸부목동이라 할 지라도

데라우치 하나를 죽이려고 수백 명을 동원하지는 않을 것 아니오?

응성 응성 하하하

사건 구성 곳곳에서 결점이 나타나고 반대 증거가 속출했다.

허술하네.

ㅋㅋ 아예 사건이 안 돼요.

걱정 마라. 곧 풀려나오지 않겠냐?

네, 아버님

하지만 재판부는 105인에게 유죄를 선고한다. 사건이 105인사건으로 불리게 된 이유다.

땅 땅 땅

피고 이아무개 징역 7년 피고 김아무개 징역 7년 피고 박아무개 징역 7년 ⋮

그러나 내외의 여론이 들끓어 제2심에선 양기탁, 안태국, 윤치호 등 6인을 제외한 99명에겐 무죄가 선고되었다.

무죄! 무죄! 무죄!

와 와

2심 판결로 총독부는 비록 체면을
구기긴 했지만

애초에 의도했던 바는 이루었다 하겠다.

최대 반일 조직인
신민회는 어쨌거나
해체되었잖아.
ㅋㅋ

상동교회 목사로
신민회의 핵심 간부였던 전덕기는

고문 후유증으로 병보석되었으나 이내 세상을 떴다.

양기탁, 안태국은 5년 복역 후 만주로
망명하여 독립운동을 이어갔다.
(안태국은 1920년 상하이에서 병사한다.)

사업가와 교육자로 이름 높던 이승훈은
5년 복역 후 가출옥해 세례를 받고
교회 장로로 활동했으며

3·1혁명 시 기독교 측 대표로
참여했다.

독립협회와 만민공동회의 지도자였던 윤치호는

3년간 복역한 뒤 친일 협력을 조건으로 출소했다.

〈매일신보〉와의 인터뷰에서 전향을 확인한 후

우리 조선 민족으로서는 어디까지나 일본을 믿고 피아의 구별이 없어질 때까지 힘쓸 필요가 있는 줄로 생각하고 … 이후부터는 일본 여러 유지 신사와 교제하여서 일선 민족의 행복되는 일이든지 일선 양 민족의 동화에 대한 계획에는 … 몸을 아끼지 않고 힘써 볼 생각이다.
- 1915년 3월 14일 자

점점 더 친일의 길로 깊숙이 걸어 들어갔다.

안악사건 관련자인 김구는 4년을 복역했다.

안악으로 돌아와 지내던 그는 3·1혁명 후 망명을 택하면서 본격적으로 독립운동의 길에 나선다.

안악사건의 중심에 선 인물로 종신형을 선고받았던 안명근은

10년 복역 후 만주로 망명해 독립운동을 이어가다
1927년 병사했다. 그는 안중근의 사촌 동생.

형님···

안명근 말고도
안중근 일가에선
많은 이들이
독립운동에 헌신했다.

동생인 안정근과 안공근,

사촌인 안홍근, 안경근,

조카 안춘생, 안봉생, 안원생,
안낙생 등이 하나같이 독립운동의
일선에서 싸웠다.

다만 아들인 안준생은

이쪽으로···
이토 공께서
기다리십니다.

뒷날 이토 히로부미의 아들을 만나 아버지를 대신해 사죄하는
이벤트에 이용당함으로써 많은 이들의 빈축을 샀다.

이토 공과
안중근의 아들
극적 대면, 형제처럼?

아버지 얼굴에
먹칠을···

마지막 의병항쟁

1909년 이른바 남한 대토벌 작전으로 인해

가장 왕성했던 호남의병은 거의 자취를 감추었다.

강제 병합 뒤에도 경북과 황해 등지에선 소규모의 의병 활동이 이어졌다.

경북 상주의 노병대는 1907년 거병해 활약하다가

抗倭求国

이듬해 체포되는데

이시키 땜에 고생한 걸 생각하면 용서가 안 돼요.

일본군은 그의 한쪽 눈을 뽑아버리는 만행을 가했고

재판부는 중형을 선고했다.

징역 10년을 선고한다.

땅땅 땅

3년 뒤인 1911년, 특사로 풀려나자 다시 의병을 일으켰고

1913년 체포된다.

이번엔 15년!

땅땅땅

흥!

그는 대구 감옥에서 28일간 단식으로 스스로 목숨을 끊었다.

경북 문경의 최욱영은 1907년 민긍호, 이강년의 진에서 활약했다.

그러다 귀향해 이름을 바꾸고 지내던 중 1913년 고종의 밀지를 받았고

삼가 명을 받들겠나이다.

군자금 모금과 동지 확보를 위한 길에 나섰다. 이듬해엔 문경에서 결성된 민단조합에도 참여한다.

그러나 그해 말 군자금을 모으던 중 체포되었다.

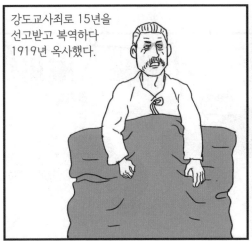

강도교사죄로 15년을
선고받고 복역하다
1919년 옥사했다.

충북 단양의 김상태는
이강년의 진에서 활동했는데

병합 후에도 항전을 이어가다가

변절자의 밀고로
체포되었고

단식으로 항거하다 옥사했다.

독종이군.

역시 이강년의 휘하에서 싸웠던
경북 예천의 윤국범은

1911년에 체포된 뒤 교수형에 처해졌다.

의병 활동을 하다가 체포된 김종철은
압송 중 탈출해

숨어 살았다. 그러다가 남한 대토벌 작전을 목격하고는

눈 똑바로 뜨고
보라구.

눈 감는 자는
한패로 친다.

다시 의병을 일으켰다.

소규모 부대를 이끌며 친일 관리들과
밀정들을 처단하는 일을 하다가

1915년에
체포되어
사형에 처해졌다.

이진룡은 황해도 평산 출신으로
1905년에 거병했다.

국권
회복

義

숱한 전투를 치렀고

연해주로 가서 신무기를
구해 왔는가 하면

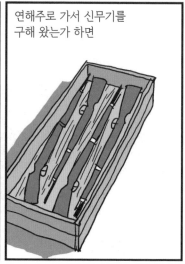

철도를 막아 열차를 전복시키기도 했다.

대대적인 토벌로 수백 명의 의병이 희생되자

1911년 서간도로 망명한다.

그곳에서 조맹선, 윤세복, 박장호 등과 포수단을 조직하고는

수시로 주재소 등을 치는 소규모 국내 진공 작전을 폈다.

의사로 가장한 밀정의 3년간 탐문 끝에

일전에 보니 이대장님 건강이 안 좋던데 통 뵐 수가 없으니

마침내 체포되었고

평양 감옥에서
교수형에 처해졌다.

그의 부인도 자결로
남편의 뒤를 따랐다.

이진룡이 서간도로 떠날 때 지휘권을 넘겨받아
싸움을 이어갔던 한정만은

뒷일을···

걱정 마소.

1914년 체포되어 사형에 처해진다.

이 시기 가장 떠들썩했던 의병장은
채응언이다.

평안도 빈농 출신으로
건장했던 그는 1907년에
의병 활동을 시작했고

1908년부터 독자적인 부대를
이끌었다.

주재소, 헌병분견소 습격은 일상사,

부호들로부터 군자금을 징수하는 등의
활동으로 명성이 자자했다.

잘 쓰겠소.

1915년 군자금 조달을 위해 평남 성천의
부호 집을 찾았다가

밀고를 통해서 사전에 정보를 얻고 잠복 중이던
헌병에 체포된다.

다음은 평양 헌병 본대로 압송된 날을 묘사한 〈매일신보〉의 기사다.

자동차로 평양 헌병대 본부에 도착하였는데,
이 유명한 괴물을 보고자 하는 사람들이
골목골목 가득하여 시종 분잡이 대단하였더라.
채응언은 엄중히 수갑을 차였는데
보기에 마흔쯤 되었고 갈색 헌병복으로
튼튼한 몸을 찼으며 사납고 겁없고 담차고
고집 센 성질이 그 얼굴에 나타났더라.
얼굴은 포박할 때 서로 싸운 까닭으로 난타되어
왼편 눈퉁이가 좀 상하여 거무스름하게 부어올랐더라.
곧 유치장에 구금되었는데 반듯이 드러누운 대로
꼼짝도 아니하며 이미 운수가 다하였다 하며
태연한 모양이더라.

재판정에서도 시종 당당했던 채응언은

강도상해죄가 뭐냐? 나를 의적의 이름으로 사형에 처해주기 바란다.

1915년 평양 감옥에서 사형에 처해졌다.

이렇듯 강제 병합 이후의 의병들은 그 수가 현격히 줄었고

활동 환경이 훨씬 엄혹해졌어도

끈질기게 총독부를 괴롭혔다.

탕
타탕

그리고 의병장들은 하나같이 생을 다하는 날까지 기개 있는 모습으로 사람들을 감동시켰다.

나도 3편...

어쩜 사람이 그렇게 당당할 수 있을까?

조선 남자들이 다 내 남편 같지는 않은가봐.

비밀결사

대한제국 말기의 가열찬 의병항쟁은

계몽운동가들에게 상당한 각성을 안겨주었고 새로운 방침을 이끌어냈다.

독립전쟁 전략!

전략의 실현을 위해 나라 밖에 독립운동 기지와 군관학교를!

의병 세력 또한 가혹한 토벌을 마주하면서

유사한 결론에 이르게 된다.

국외로 가서 근거지를 마련해야. 그리해서 제대로 훈련하고 최신 무기로 무장해 싸운다.

국내에서 더 이상 이런 방식으로 싸우는 건 곤란해.

조직은 당연히 비밀결사!

군자금을 모아 국외의 독립군 기지 건설을 후원하자.

이러한 흐름에서 국내에 남은 운동 세력들은 그 실현을 위해 비밀결사를 조직 방식으로 채택한다.

먼저 의병계 쪽을 살펴보자.

비밀결사 양식을 취하긴 했으나 옛 의병 방식에 가까운 조직으로 대한독립의군부가 있다.

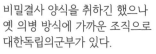

주도자는 임병찬. 완고한 유학자.

동학농민군 지도자인 김개남을 밀고해서 잡히게도 했죠.

1906년 스승 최익현과 함께 의병을 일으켰고

스승과 함께 붙잡혀 쓰시마 섬에 유배되었다.

이듬해 유배에서 풀려 은거해 있다가 고종의 밀칙을 받았다.

황제 폐하! 신 임병찬, 명을 따르겠나이다.

-교지-
독립의군부 전라남북도 순무대장에 임명하노라!

이에 정세 분석과 활동 방향을 담은 상소를 하고

중앙 조직과 지역 조직을 준비해갔다.

활동 목표와

일본 총리와 총독, 주요 대신들에게 한국 강점의 부당성을 깨우쳐주고 의병 전쟁을 준비하는 것이오.

활동 계획은 이러했다.

이를 위해 일정한 날에 일정한 장소에 모여 연명날인하고 작성한 국권반환 요구서를 총독부와 병참을 비롯한 지방 각 기관에 투서합니다.

동시에 총독부에다 국권 반환과 군대 철수를 요구하는 전화도 걸고.

그러나 군자금 모금 활동을 하던 조직원이 체포되면서

기다렸지롱~

조직이 드러나고 총사령인 임병찬 이하 여러 조직원들이 체포되었다.

참 순진한 분들이셔.

임병찬은 거문도에 유배되었다가 유배지에서 숨을 거두었다.

풍기광복단은 더 비밀결사다운 비밀결사다.

풍기광복단

1913년 양반 유생 채기중의 주도로 10여 명이 참여해 조직되었다.

전국의 의병 출신들을 모아 단원으로 삼고 무력 투쟁을 통해 독립을 달성한다.

홍주의병, 이강년의 진 등에 참여했던 이들이 합류했다.

일차적인 목표는,

만주의 독립운동 기지에서 독립군을 양성하기 위한 군자금 마련이오.

서간도의 망명자들과 연락하며 무기도 구입하고

부호들에게서 군자금을 모집하기 위한 활동을 벌였다.

국권 회복을 위한 투쟁에 값있게 쓰겠습니다.

이강년 휘하의 참모장이었던 이동하는 이강년이 체포된 뒤 만주로 갔다가

1914년 귀국해 경북 문경에서 옛 동료들과 함께 민단조합을 결성했다.

민단조합은 주로 군자금 모금 활동을 벌였다.

부호들이 성금을 꺼리니 관공서를 터는 것이 좋을 듯 하오.

괜찮은 생각이오.

계몽 계열의 비밀결사로는 물론 신민회가 독보적이다.

신민회 말고도 비밀결사를 이룬 조직들이 있었는데 1908년 조직된 달성친목회가 있다.

처음엔 친목을 표방한 계몽운동 단체였는데

달성친목회

대구의 계몽 지식인들이 주도한 조직이다.

1913년에 이르러서 서상일의 주도로 비밀결사적 성격을 갖게 되지.

1909년엔 대동청년단이
조직되었다.

서상일, 안희제, 남형우 등 경상도의 계몽 지식인들이 주도한
조직으로 신민회와도 연계를 가졌다.

대동청년단

그러나 신민회 사건이 터지면서
활동은 거의 정지되고 서상일,
안희제는 만주로 망명했다.

서상일은 1913년에 귀국해 유명무실하던 달성친목회를
재규합하고 이를 기반으로 1915년 박상진과 함께
조선국권회복단을 결성한다.

朝鮮國權恢復團

단군을 모시며
국권회복 운동을!

안희제는 1914년 귀국해

세계대전이
벌어지는 등
급변하는 정세를
독립운동에 잘
활용해야!

가산을 정리한 후 부산에 백산상회를 설립하고
서울, 대구, 원산, 펑톈(봉천) 등지에 지점을 설립했다.

그러려면
독립운동 자금
조달망이 구축돼야.

백산상회는 뒷날
3·1혁명 시 동경과
조선을 연결하는
거점 역할도 합니다.

백산상회

대한광복회

박상진은 허위 문하에서 배웠다.

허위가 환구단 참봉에 제수돼 상경하자 같이 상경해

양정의숙 법률학과에서 신학문을 배웠다.

안희제와 동기라오.

1907년에 허위가 의병을 일으키자

직접 참가하지는 않았으나 자금 제공 등으로 지원하고

1908년 허위가 처형되자 가족을 대신해 장례를 치렀다.

달성친목회에도 참여했던 그는

만주, 연해주 등지를 돌아보았고
1911년 상하이에 갔다가는 신해혁명을 접했다.

1913년 다시 중국으로 갔고, 쑨원을 만나서는
권총 한 자루를 선물 받고

만주의 지배자 장쭤린을 만나서는 군사기지 문제를
논의하기도 했다.

유학자로 자랐으나 신학문을 접하고
공화혁명까지 경험한 그는
확고한 공화주의자.

귀국해 조선국권회복단
조직에도 관여하지만

성에 차지 않았다.

같은 해인 1915년 7월
의병계 조직인 풍기광복단 채기중과 손잡고
대한광복회를 조직한다.

결의문을 채택하고

우리는 대한독립을 위해
우리의 생명을 희생에
공(供)함은 물론,
우리가 일생의 목적을
달성치 못할 시는
자자손손이 계승하여
원수 일본을 완전히 구축하고
국권을 회복할 때까지
절대 불변하고
결심 육력(戮力)할 것을
천지신명께 서고(誓告)함.

일곱 가지 실천 사항을 정했다.

1. 부호의 의연금 및 일인이 불법 징수하는 세금을 압수하여
   무장을 준비한다.
2. 남·북만주에 군관학교를 세워 독립 전사를 양성한다.
3. 종래의 의병 및 해산 군인과 만주 이주민을 소집하여 훈련한다.
4. 중국, 아라사 등 여러 나라에 의뢰하여 무기를 구입한다.
5. 본회의 군사행동, 집회, 왕래 등 모든 연락 기관의 본부를
   상덕태상회에 두고, 한만(韓滿) 각 요지와 북경, 상해 등에
   그 지점 또는 여관, 광무소(鑛務所)등을 두어 연락 기관으로 한다.
6. 일인 고관 및 한인 반역자를 수시(隨時), 수처(隨處)에서 처단하는
   행형부(行刑部)를 둔다.
7. 무력이 완비되는 대로 일인 섬멸전을 단행하여
   최후 목적의 달성을 기한다.

사령관에 박상진,

지휘장에 우재룡, 권영만,

만주의 부사령으론 의병장
이진룡(사후엔 김좌진)이
맡았다.

본부는 경주의 사저에 두었으며

박상진이 대구에 세운 상덕태상회가 본부 기능을 분담했다.

만주 본부 성격의 길림광복회도 조직되었다.

의병 출신들을 근간으로 하면서 전투적 계몽운동가들이 결합한 조직으로 공화주의를 전면에 내걸었다.

의병은 무조건 복벽주의란 생각은 버리라고.

조선국권회복단과 안희제의 백산상회와도 밀접한 관계를 갖고 서로 협력했지.

활동 거점은 상덕태상회와 영주의 대동상점,

삼척, 광주, 예산, 인천 등지에 곡물상으로 위장한 연락 거점들,

중국 단둥(단동)의 안동여관, 삼달양행, 창춘의 상원양행 등이었다.

대한광복회는 많은 자금이
필요했다.

만주의 독립군
기지들을 후원하고
새로이 기지를
건설하려면...

대구 진위대 출신으로 군대가
해산되면서 의병에 뛰어든
우재룡은

길림광복회를 조직한 주역.
군자금 모집과 국외 연락을
책임지던 그는 국내로 들어와
자금 확보 투쟁을 주도한다.

경주에서 대구로 세금이
운송된다는 정보를 입수한
우재룡과 권영만.

경주에서 마차에 실은 세금 8,700원을 감쪽같이 탈취한다.

일본인 소유 광산 습격도
시도했지만 성공하지 못했다.

...

이러던 차에 총사령 박상진이
만주에서 권총을 구해 오다
체포된다.

총포 화약령
위반!

6개월 형을 살고 출소하자
군자금 확보 투쟁은 더욱
본격화됐다.

부자들의 신상을 파악하고는 포고문과 함께 특별배당금을 요구하는 서신을 보냈다.

지식이 있는 자는 서로 충정을 알리고 음으로 단결해 본회가 의로운 깃발을 동쪽으로 향할 때를 기다려라. 그리고 재물이 있는 자는 자기 의무를 다하고 저축해 본회의 요구에 응하라.
나라는 회복될 것이요, 적들은 멸망할 것이며 공적은 길이 남을 것이다.

대한광복회

이에 대해 부호들은 성의 표시만 하거나

3만원을 배당받고 300원이라… 누굴 거지로 아시나?

그… 그게 현금 마련이 어려워서.

경찰에 신고하는 것으로 응했다.

안 되겠소. 악질 부호는 처단해 본보기로 삼읍시다.

1917년 11월 경북 칠곡의 부호 장승원이 첫 타깃이 되었다.

청구금을 어째서 보내지 않았느냐.

그… 그게

탕 탕 탕

장승원은 해방 후 총리를 지낸 장택상의 아비이지요.

오로지 광복을 외치는 것은 하늘과 사람의 도리에 부합되는 일이다. 너의 큰 죄를 꾸짖고 우리 동포에게 경고를 주노라.

경고자 대한광복회원

이어 몇몇 부호가 강도 사건을 당하고

1918년 1월엔 충남 아산 도고면장 박용하가 살해된다.

박용하는 본회의 지령을 위반했으므로 사형에 처한다. 오로지 우리 동포는 이를 경계하라. 경계하라.

그러나 이 사건으로 회원 장두환이 체포되면서

조직의 실체가 드러난다.

대한광복회 조직도

자알 그렸다ㅋ

| 총사령 : 박상진 |
| 지휘장 : 우재룡 권영만 |

| 길림광복회 | 재무부 |
| | 선전부 |

| 경기도지부 | 황해도지부 | 강원도지부 | 평안도지부 | 함경도지부 | 경상도지부 지부장 채기중 | 충청도지부 지부장 김한종 | 전라도지부 |

박상진은 체포되어 재판을 받고

피고 박상진에게 사형을 선고한다.

3년이 지난 1921년 8월 대구 교도소에서 형이 집행되었다. 다음은 박상진이 남긴 절명시다.

다시 태어나기 힘든 이 세상에
다행히 대장부로 태어났건만
이룬 일 하나 없이 저세상 가려 하니
청산이 조롱하고 녹수가 찡그리네.

難復生此世上
幸得爲男子身
無一事成功去
靑山嘲綠水嚬

어머님 장례 마치지 못했고
임금의 원수도 갚지 못했네.
나라의 땅도 찾지 못했으니
무슨 낯으로 저승에 갈꼬.

母葬未成 君讐未復
國土未復 死何面目

채기중, 김한종, 김경태, 임세규도
같은 운명을 맞았다.

장두환은 7년 형을 선고받았으나
고문 후유증으로 옥사했다.

검거를 피한 우재룡, 권영만, 한훈 등은 국외로 탈출해
투쟁을 이어갔다.

그 밖의 움직임들

평양 출신의 계몽운동가 장일환은

1914~1915년 하와이에서 박용만과
독립운동의 방향 등을 모색하고

귀국 뒤 숭실학교 출신들을 중심으로 한 기독교계 비밀결사
조선국민회를 조직한다.

회장 장일환

통신 및 서기 배민수
외국통신원 백세빈

경상도 구역장 오병섭
황해도 구역장 노선경
전라도 구역장 강석봉

김일성의
아버지 김형직도
참여했답니다.

하와이, 만주, 베이징의 독립운동
세력과 연계를 꾀하면서
독립 전쟁에 대비하려 했다.

그러나 발족 이듬해인 1918년 2월, 조직이 노출되어 25명이 체포되고 해산되었다.

이후 관련자들은 3·1혁명 시 주도자로 나서거나

만주로 망명해 독립운동을 이어갔다.

장일환 동지는 1918년 체포돼 잔혹한 고문으로 세상을 떴다오.

함경남도 단천에는 기독교도들에 의한 단천자립단이 있었는데

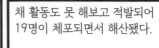

단천
자립단

채 활동도 못 해보고 적발되어 19명이 체포되면서 해산됐다.

천도교 내 비밀결사인 천도구국단은 손병희를 명예총재로, 이종일을 단장으로 1914년 출범했다.

이종일은 1898년 순 한글 신문인 〈제국신문(뎨국신문)〉을 창간해 운영했고

천도교에 가입한 이래 천도교 직영 인쇄소인 보성사 사장을 맡아온 인물.

사장이

그는 만세운동 같은 대규모 민중운동을 계획했으나
손병희의 만류로 그만둔다.

일본이 세계대전에
참가한 지금이
기회입니다.

그렇다해도
아직 우리 역량이
제대로 준비된
상황이 아니잖소?

이종일은 뒷날
3·1혁명 시 독립선언서
인쇄를 책임집니다.

개성의 사립학교인
한영서원의 교사
신영순, 이상춘은

창가집을 만들어 배포하고
교육한 혐의로 체포된다.

二4萬人 오즉호말
나라 스랑호야 ♪

이어 이를 가르치고 배운 22명의
교사와 학생 들까지 체포되어
조사를 받았다.

유사한 성격을 가진 사건이
여러 곳에 있었다.

무궁화 삼천리 ♪

이들과는 성격이 좀 다른 조직도
있었다. 경성고등교원양성소 재학생
이우용과 휘문의숙 교사 남형우 등이

1915년 조직한
조선산직장려계다.

조
선
산
직
장
려
계

취지를 들어보자.

조선산직장려계결성식

작금의 상태는 일본의 물산이 조선에 가득해 조선인은 경제상으로 패배자가 되었소.

이 상태가 지속되면 국권회복은 몽상에 지나지 않게 되오. 경제적 자립을 꾀해 실력으로 국권을 회복합시다.

조직은 공개 단체로 출범했고 계몽 지식인 상당수가 참여하였다. 계장 최규익, 총무 윤창식, 회계 최남선, 그리고 남형우, 김성수, 신석우, 안재홍 등이 함께했다.

민족 자본을 키워 실력을 양성하자!

뭐 이런 정도면 위험하지 않지.

총의원 137명 중 교원이 44명을 차지했다.

민족자본 양성을 위한 실천 방안은?

토산품 애용과 근검 절약!

뭐야? 국권 회복을 목표로 한 거였어?

출범 2년 만인 1917년 3월 조선산직장려계는 총독부의 강제 조치로 해산된다.

이때의 인물들과 지향은 몇 년 뒤 물산장려운동으로 나타난다.

조선물산을 팔고 사자 먹고 닙고 쓰자

우리는 만저 물품을 우리의 원료 자본 가술로 만들자

남의 발을 상품을 사지 발자 사면 우리는 점점 몹살게 된다

신한촌 기념비

연해주의 동포들은 성명회와 권업회, 그리고
대한광복군 정부를 조직하는 등 활발한
독립운동을 벌였다. 블라디보스토크의 신한촌은
연해주 독립운동의 중심이었다.

삼원보   연해주

삼원보 신흥무관학교

신민회 회원들이 세운 신흥강습소는 이후 신흥학교로
개칭되고 다시 신흥무관학교로 확대 개편됐다.
신흥무관학교는 이후 독립운동의 산실이 됐다.

제5장

해외의 저항

연해주의 독립운동이 러·일의 관계 변화로 힘들어지자
독립군 진영은 북간도로 거점을 옮긴다.
미국 하와이에서는 대한인국민회 출범 이후, 박용만과 이승만이 자리를 잡으며
각자 다른 노선을 선택하여 갈등이 고조된다.

샌프란시스코

샌프란시스코 대한인국민회

안창호, 박용만 등 미주 지역의 동포들이
설립한 대한인국민회는 미주뿐만 아니라
연해주와 간도까지 포괄하는 해외 한인의
최고 기관을 목표로 했다.

연해주의 독립운동

최재형은 함북 경원 출신. 어려서 러시아로 이주했고 블라디보스토크에서 장사를 하여 돈을 많이 번 인물.

러시아 황제를 알현하고 두 차례나 훈장까지 받은 터라

러시아 측의 신임이 두터웠다. 러시아군에 군수품을 보급하면서 더욱 부를 축적한 그는

한인 학교, 한인 교회 건설 등 한인 사회를 위한 일에 힘쓰며 지도자로 떠오른다.

전 간도관리사 이범윤이 충의대를 이끌고 망명해 오자

의형제를 맺고

이범윤을 중심으로 의병을 규합한다.

뒤이어 노의병장 유인석,

이름 높은 홍범도가 들어오고

헤이그밀사사건 이후
구미 각국을 떠돌던 이상설도
들어오면서

연해주의 한인 사회는 활기를 띤다.

이들은 1910년 6월 십삼도의군을 출범시킨다.

이어 유인석, 이상설의 연명으로 고종에게
두 가지를 요청하는 상소를 올리는데

1. 의군이 편성되었으니 내탕금으로 군비를 원조해주시옵고

현실성 없는 제안이었다.

2. 연해주로 파천하시어 망명 정부를 이끌어 주시옵고 …

···

직후 강제 병합이 이루어지자 블라디보스토크의
지사들은 한민학교에서 한인대회를 열어

한인
대회

성명회를 조직하고 병탄 반대운동을 전개한다.

聲明會

聲彼之罪 明我之寃
저들의 적를 성토하고
우리의 원통함을 밝힌다.

성명회 선언서

오호라! 해외 재류의 아我 동포여, 한번 머리를 들어 조국의 한반도를 바라보라.
저 아름다운 삼천리 강산은 오인吾人의 시조 단군이 전하는 바요,
신성한 우리 이천만 동포는 단군의 자손이 아니냐, 우리가 존중하고 경애하는 바는 이 반도다.

잊으려 해도 잊을 수 없고 버리려 해도 버릴 수 없다.
어시호於是乎! 우리는 차라리 이천만 두로頭顱를 끊을지언정 오천 년래 조국, 이는 버릴 수 없다.

우리는 생명을 바쳐도 타他의 노예가 될 수 없다.
저 간악한 왜적은 만근 수십 년래 일시의 강력을 방패로 삼아
우리 황제를 핍박하고 우리 정부를 위협하여 한 번 외교권을 빼앗고 두 번 내정을 간섭하여
우리의 독립권을 침해하고 우리의 부모 형제를 학살하고 우리의 가옥 전토를 강탈하였다.
우리들과 하늘을 같이할 수 없는 원수다… 저 일에는 차서次序가 있고 때에는 전후前後가 있다.

이십 세기 국민의 행동은 세계 열강의 여론에 의거하는 것이다.
그러므로 먼저 열국 중 오국과 일찍이 친교 동맹을 체결한 각국에 대하여 왜적의 불법 무도의 사실과 아울러
합병 반대의 의견을 피력하며 그 오신誤信을 풀고 열국의 공명정대한 여론을 구하고 왜적의 죄를 성토하는 것이다.

이것이 우리들이 할 제일급무第一急務라 일컬을 것이다.
이와 같이 지志를 같이하고 분憤을 같이하는 동포가 의議와 시時를 같이하고 일어났다.

각국 정부에 합병 무효를 선언하는 글과
유인석 명의의 성명회 선언서를 보냈다.

… 1905년에
… 5개의 조항으로 된 조약에
서명하라고 한국 황제에게 강요하며,
자기들이 서명 후 자기들이 옥새를
찍었습니다…

이 조약을 근거로 1907년에…
한국 황제를 폐위시키고
한국 군대를 해산시켰으며…
그들은 한국 국민을 협박과 폭력으로
억압하고 있습니다…

그리고 결사대를 조직해 일인 거류지를
습격하기도 했다.

그러자 일본이 러시아에 강력히 요구하면서

반일적 책동을 일삼는
조선인들의 조직 성명회와
의군 주요 인사들을 체포하고
인도해줄 것을 희망하오.

이범윤 등 7명이 7개월간
이르쿠츠크로 유형당하고

유인석, 홍범도 등도 당분간
몸을 피해야 했다.

그렇게 십삼도의군, 성명회 활동이 무산되자 한인들은
1911년 권업회를 조직했다. 순수 경제 단체의 느낌이 나게
작명한 조직이나 실상은 민족운동을 목표로 한 조직.

勸業會

사업을
권장하는
모임^^

〈권업신문〉을 발행하고

나 신채호가 주필을 맡았다오.

여러 학교를 세워 한인에 대한 민족 교육을 행했다.

고구려 백제 신라

가갸거겨고교

그리고 한인의 자치와 러시아 당국과의 교섭을 담당했다.

토지 조차와 귀화 업무도 대행했고

거주권이 없어 추방 위기에 놓인 한인들의 일터를 알아봐주기도 했다네.

사실상 우리 한인들의 자치 조직으로 기능했지요.

이상설은 또한 유학자 이승희와 함께 봉밀산 일대에 넓은 땅을 사 100여 호를 이주시킴으로써 한흥동을 건설하고

한흥동

현대식 한민학교도 세웠다.

일대를 독립운동 기지로 키워내리라.

한편 1914년은 러일전쟁 10주년이 되는 해.

러시아의 복수열로 제2차 러일전이 벌어질 수 있소.

맞소이다. 러, 중 양쪽의 한인들을 규합합시다. 독립전쟁을 수행할 조직이 필요하오.

권업회를 중심으로 이상설, 이동휘 등은 대한광복군 정부를 조직한다.

大韓光復軍

대통령 이상설
부통령 이동휘
제1관구 연해주
제2관구 북간도
제3관구 서간도

그러나 러, 일이 함께 연합국의 일원이 되면서

어제의 적이 오늘은 동지네. 그래서 말인데,

?

러시아 내 불령한 조선인들의 움직임을 제어해 줘야지 않겠소? 동맹국의 의리로다가.

그...럽시다.

러시아 당국에 의해 권업회는 해산되고 대한광복군 정부도 유야무야되었다.

독립운동가들에겐 체포령, 추방령이 내려지면서

연해주 지역의 독립운동은 겨울을 맞는다.

만주의 독립군 기지 건설운동

북간도로 망명한 독립운동가들은 한인들을 대상으로 한 민족 교육과

독립군 양성 활동을 활발히 전개했다.

아울러 북간도 전체 한인 사회를 조직하기 위해 간민자치회를 출범시켰다.

곳곳에 지부가 설치되어나가자

일본 측이 중국 당국을 자극했다.

조선인들이 자치 정부를 꾸리는데 보고만 있을 거요? 참 속도 좋으셔.

이에 중국 당국을 안심시키기 위해 간민교육회로 개칭했다(1907년).

교육비 명목으로 세금을 거두고

기관지도 발행했다.

명동학교와 같은 민족 학교도 각지에 설립했다.

신해혁명의 소식을 접한 간민교육회는

뤼위안훙 난징 임시정부 부총통에게 회장 이동춘 등을 비롯한 대표단을 보냈다.

한인들의 상황은 잘 알겠소. 다만 자치란 표현은 민감하니 빼주었으면 하오. 그러면 가능한 협조해 주겠소.

그래서 간민교육회는 간민회로 재조직된다.

회장은 명동학교 교장 김약연이 맡았지요.

이후 1914년 중국과 일본 간에 만몽조약이 체결될 때까지 중국 당국의 협조 아래 사실상 자치 정부로 기능했다.

세금을 징수하고

중국 국적 취득을 대행하고

기타 식산흥업 문화계몽 사업도.

간민회

墾民会

한편, 주민 다수가 러시아식 연발총으로 무장해 독립군으로 전환이 가능했던 나자구엔

블라디 보스토크

나자구

봉오동

룽징

1914년 대전학교가 세워졌다.

백두산하 넓고 넓은 만주 뜰들은 ♪

건국 영웅 우리들의 운동장이요
걸음 걸음 대를 지어 앞을 향하여
활달히 나아감이 엄숙하도다

대포 소리 앞뒤 산을 둥둥 울리고
총과 칼이 상설같이 맹렬하여도

하지만 이듬해 폐쇄되고 맙니다. 일본의 압박을 받은 중국 당국의 조치로. ㅠㅠ

서간도에 도착한 신민회 인사들은 토지를 사고

경학사(耕學社)를 꾸리고 신흥강습소를 차렸다.

그러나 중국인들과 중국 당국의 배타적 태도,

낯선 기후로 인한 풍토병,

1911년, 1912년의 연이은 흉년으로 혹독한 고난을 치렀다.

이에 망명자들은 변장운동을 벌여 중국인들에게 다가갔고

위안스카이와 직접 교섭해

당국의 태도를 바꿔놓았다.

1912년엔 경학사를 기반으로 부민단(扶民團)을 조직했다.

자치 기구 성격이 더욱 강해졌지. 한인사회의 분쟁을 해결하고

중국인이나 중국 관청과의 문제를 풀고

세금도 걷고.

가장 신경을 쏟은 일이 본래 목적인 항일 세력 육성이다.

당연하지요. 우리가 망명해온 이유가 그것인데.

신흥강습소를 신흥학교로 개칭하고 교사도 신축했다.

신흥학교는 4년제 본과에다 6개월, 3개월의 속성반도 두었는데

머리에 쥐난다.

주요 교과는 〈중등교과산술〉, 〈고등소학독본〉, 〈교육학〉, 〈대한신지지〉, 〈신선박물학〉, 〈신선이화학〉, 〈보통경제학〉, 〈윤리학〉, 〈대한국사〉, 〈신편화학〉, 〈신편생리학〉 〈중국어〉 등이었고

군사교육이 특히 중시되었다.

군사 훈련 외에 〈측량학〉, 〈축성학〉, 〈징벌령〉, 〈구급의료〉, 〈훈련교범〉, 〈전술〉, 〈전략〉 등의 군사 관련 교육도 받았습니다.

1914년엔 신흥학교 출신 400명을 중심으로 백산농장을 꾸렸는데

백산 농장

이름만 농장이었지

일하면서

사실상 군영이었다.

훈련한다!

착착착착

그렇게 숱한 미래 독립운동의 주역들을 길러낸 신흥학교는 1919년엔 신흥무관학교로 확대 개편되었다.

한편 환런현에선 윤세복, 윤세용 형제가 동창학교를 세웠다.

교사들의 면면도

박은식과 신채호가
한국사를 가르치고
↓

쟁쟁했던 동창학교는

주시경의 제자인
이극로, 김진이
국어를 가르침
↓

1919년 일제의 압력으로 폐교될 때까지 대종교 이념에 입각한 민족 교육의 전당이었다.

교복과 교모도
갖췄답니다.

미국 내의 독립운동

하와이에서 가혹한 노동을 견뎌내야 했던 이들은

서로 의지할 조직의 필요성을 느낀다.

자치회 성격을 띠면서
민족적 성격까지 분명한 조직들이
숱하게 생겨났다.

1907년에 이르러서는 이들을 통합한
한인합성협회가 탄생한다.

샌프란시스코에선 1905년 안창호의 주도로
공립협회가 창립되었다.

회원들은 정세의 변화를 지켜보며
독립에의 희망을 키워갔다.

고국에서
의병 전쟁이
한창이고

이곳 미국인들 사이엔
반일 여론이 드높아.
머잖아 일본이 미국과
전쟁하는 날이 올 수도
있소.

이때를 활용해
독립을…

다음은 1907년 9월 6일, 공립협회 기관지
〈공립신보〉에 실린 논설이다.

미일전쟁이 한국에 기회

미일전쟁은 금년이 아니면 명년이오,
명년이 아니면 내명년이라,
삼 년이 지나지 아니하리. 기회로다, 기회로다.
한국이 독립을 회복할 일대 기회로다…
미일전쟁이 되면 일본의 세력이
한국과 만주에 미치지 못할뿐더러
전제정치를 쓰는 러시아는 이겼으나
팔천만 인구가 다 병정이오, 팔천만 인구가 다하는
민주공화 미국을 어찌 당하리오.
이때를 우리 이천만 동포가 합심 분기하여
한번 옳은 기를 들면…
우리의 독립을 회복하리로다.

회원들은 독립 전쟁과 이를 위한 독립군 기지 건설론으로
쏠렸다.

고국의
계몽운동가들
상당수는
의병전쟁을
비난하는
모양이오.

바보같은
생각이죠.

그럼요.
전쟁 없이
독립은
불가능하오.

문제는
어떻게 전쟁을
준비할 것인가
하는 문젠테…

또한 공립협회는 대한제국 군대
해산을 접하고는 매국적 처단을
계획한다.

제가
맡겠습니다.

하와이에 노동자로
이주했다가

샌프란시스코로 건너와 공립협회에 가입한
청년 이재명.

귀국한 그는 처음엔
이토 히로부미의 암살을
꿈꾸었다.

매국노보다
기왕이면
침략의 수괴를
...

동지들을 규합하고 기회를 엿보던 사이
안중근에 의해 이토가 처단되자

방향을 틀었다.

그렇다면 본래대로
매국적들을 처단하자.
이완용, 이용구...

1909년 12월 22일 이완용이
명동성당에서 열리는 벨기에 황제 추모식에
참석한다는 정보를 입수한 이재명은

군밤장수로 변장하고 성당 문밖에서 기다렸다.

따각
따각
따각...

따각
따각

이재명의 칼은 이완용의 허리와 어깨,
등에 꽂혔다.

오늘 우리의 공적을
죽였으니 정말로
통쾌하다.
(그러나 이완용은
목숨을 건졌다.)

만세!
만세!
만세!

재판 과정에서도 시종 당당했던 그는
24세의 나이에 사형대에 올랐다.

그리고 이재명을 도왔던 김정익, 이동수, 조창호 등이
징역 15년 형을, 그 밖에 여럿이 10년 이하의
징역형을 선고받았다.

공립협회는 또한 1908년에 있었던
전명운, 장인환의 의거를 후원했고

해외 한인 단체의 통합도 적극 추진했다.

그러려면 우선 미주지역 단체부터 통합해야!

마침내 하와이 한인합성협회와 통합해 1909년 2월 국민회를 출범시킨다.

공립협회는 이제 국민회 북미지방 총회,

國民會

한인합성협회는 하와이 지방 총회.

이어 연해주 등지에도 특파원을 보내 만주, 러시아 일대에 지방회를 조직한다.

러시아 일대에만 13 곳에 지방회가 조직되었죠.

미국 내 다른 단체인 대동보국회와 통합을 마무리한 다음 1910년 5월 대한인국민회로 개칭한다.

우리 대한인국민회는 해외 한인의 최고 기관.

大韓人國民會

중앙총회는 연해주에 두기로 했다.

아무래도 연해주에 한인도 많고 독립운동가들도 많으니.

그런데 연해주 한인 사회에 문제가 발생한다. 이상설 중심의 기호파와 관서 출신 중심의 미주파가 대립하다가

이른바 양성춘 총살 사건이 벌어진 것이다.

탕 탕...

신민회 출신으로 기호파의 리더인 정순만은

신민회 핵심 인사로 이승만, 박용만과 함께 3만으로 불리기도 했죠.

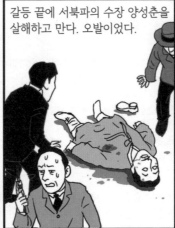

갈등 끝에 서북파의 수장 양성춘을 살해하고 만다. 오발이었다.

이 일로 수감되었던 정순만이

사고사였음을 인정받아 이듬해 출소하자

양성춘의 형과 부인이 복수를 한 것.

결국 1911년 3월 미국에서 중앙총회가 설립되고

대한인국민회 중앙총회

이듬해엔 제1회 대표원의회를 열어 몇 가지를 의결했다.

조국 역사 편찬!

교과서 제정!

휘장 제정!

땅 땅

마침내 1912년 11월, 대한인국민회 중앙총회 결성 선포식이 진행되었다.

중앙총회 결성 선포문

오늘 우리는 나라를 잃었고 우리의 생명과 재산을 보호하여줄 정부가 없으며 법률도 없으니
동포 제군은 장차 어찌하려는고… 우리는 나라가 없으니 아직 국가 자치는 의논할 여지가 없거니와
우리의 단체를 무형한 정부로 인정하고 자치제도를 실시하여
일반 동포가 단체 안에서 자치제도의 실습을 받으면 장래 국가 건설에 공헌이 될 것이다.
지금 국내외를 막론하고 대한 정신으로 대한 민족의 복리를 도모하여 국권 회복을 지상 목적으로 세우고
그것을 위하여 살며 그것을 위하여 죽으며 그것을 위하여 일하는 단체가 어디 있는가?
오직 해외에 대한인국민회가 있을 뿐이요 그 외에 아무리 보아도
정신과 기초가 확립된 단체를 찾아볼 수 없는 것이 현상이다…

대한인국민회가 중앙총회를 세우고 해외 한인을 대표하여 일할 계제에 임하였으니
형질상 대한제국은 이미 망하였지만 정신상 민주주의국가는 바야흐로 발흥되며
그 희망이 가장 깊은 이때에 일반 동포는 중앙총회에 대하여 일심 후원이 있기를 믿는 바다.

1. 대한인국민회 중앙총회를 해외 한인의 최고 기관으로 인정하고 자치제도를 실시할 것이다.
2. 각지에 있는 해외 동포는 대한인국민회의 지도를 받을 의무가 있으며
   대한인국민회는 일반 동포에게 의무 이행을 장려할 책임을 가질 것이다.
3. 금후에는 대한인국민회에 입회금이나 회비가 없을 것이고, 해외 동포는 어느 곳에 있든지
   그 지방 경제 형편에 의하여 지정되는 의무금을 대한인국민회로 보낼 것이다.

선포문의 작성자는 박용만으로 그는 진작부터 기관지인
〈신한민보〉를 통해 무형정부론을 주창하며 임시정부 수립
여론을 일으켜왔고

선포문을 통해 공식화했다.

아! 선포문을 낭독하는데 막 심장이 뛰는 거야.

그치? 뭔가 나라 잃은 설움에서 벗어날 길을 찾은 것 같고.

특히 그 대목의 의미가 각별하지 싶어. 대한제국은 이미 망했지만 정신상 민주주의국가는 이제 시작되었다는 …

말하자면 공화정부를 천명한 것인데 처음이지 아마.

연해주, 만주, 시베리아 지역은 물론 멕시코에도 지방회가 꾸려졌다.

그만큼 공화주의에 입각한 자치기구, 자치정부에 대한 인식이 확산되었다는 의미이기도.

△△△ 지방회

1905년 1,000여 명의 한인이 멕시코로 노예 이민을 왔는데

큰 돈 벌수 있다는 사탕발림에 속아서 왔다가 ㅠㅠ

1909년 계약 기간이 끝났다. 이에 공립협회가 특파원을 보내 왔다.

미국에 있는 한인 단체인 공립협회에서 왔습니다.

공립협회는 멕시코 관리와 농장주 들을 만나 한인 해방을 약속받았고

한인들을 대한인국민회로 끌어들인 것이다.

대한인국민회

멕시코 지방회

박용만과 이승만

중앙총회 결성 선포문을 작성한 박용만은

일본에 유학해 중학을 졸업하고 게이오의숙에서 정치학을 공부했다.

귀국해 독립협회 활동과 만민공동회 활동에 참여했으며

전덕기 목사가 이끄는 상동청년회에서도 활동했다.

일제의 황무지 개척권 요구에 반대하다 옥살이도 한 그는

1905년 미국으로 건너갔다.

콜로라도 주에서 노동 주선소와 여관을 경영하며

한인들의 취직에 힘썼다.

지사들을 만나 독립운동의 방향을 모색하는 데도 게으르지 않았는데

그가 특히 중시한 것은 둔전병제에 기초한 독립군 사관학교의 건설.

독립은 결국 무장투쟁을 통해서만 가능할 터. 따라서 우선 필요한 것은 훈련된 장교의 준비.

땅을 얻어 농사를 지으면서 자급자족하고 저녁 시간이나 농사일이 한가할 때 군사훈련과 학습을 하는 사관학교를 세우자.

1908년 네브래스카 주립대학에 입학한다.

그곳에서 정치학을 공부하는 한편

학생군사교육단(ROTC) 과정을 밟았다.

네브래스카 주립대는 간부후보생 과정이 필수인데다 군사훈련 프로그램도 훌륭했지.

동시에 네브래스카 주 정부와 교섭해 군사학교 설립 인가를 얻어냈다.

그리고 마침내 1909년 6월, 해외 최초의 독립군 사관학교라 할 수 있는 한인소년병학교가 출범한다.

한인소년병학교
Young Korean's Military School

여기에 미국 장로교단의 도움으로 헤이스팅스대학 건물과

농장까지 임대받을 수 있었다.

교민 사회의 후원이 잇달았다.

소년병학교를 위해 써주시기 바랍니다

무쇠 골격 돌 근육 소년 남자여
애국의 정신을 분발하여라
다다랐네 다다랐네 우리나라에
소년의 활동 시대 다다랐네

— 소년남자가 —

박용만이 교장,

구한말 군인 출신으로 군사고등학교에 재학 중이던 김장호, 이종철 등이 교관으로 일했다.

1912년 13명의 제1회 졸업생을 시작으로

1914년 일본 측의 항의로 폐교될 때까지

더 이상은 학교 건물과 토지를 빌려주기 어렵겠소.

40명이 한인소년병학교를 졸업했다.

한인소년병학교 출신들은 이후 재미 한인 사회의 지도자로 성장합니다.

정한경, 김현구 등이 대표적이고 유한양행 설립자인 나 유일한도 한인소년병학교 출신이외다.

한인소년병학교의 기틀을 마련한 박용만은 첫 졸업생을 보기도 전인 1911년, 학교를 박처후 등에게 맡기고

〈신한민보〉 주필에 취임한다.

社說 新韓民報

그리고 예의 무형국가론을 펴며 공화주의에 입각한 임시정부 건설론을 주창했다.

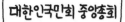

그의 주장이 받아들여진 대한인국민회 중앙총회가 결성된 직후

대한인국민회 중앙총회

그는 하와이로 향했다. 하와이 지방총회의 요청도 있었지만

진작부터 소망해왔던 터였다.

제대로 된 무장 독립군을 양성하려면 한인이 밀집돼 있는 하와이가 적격이야.

하와이 지방총회의 환영을 받으며
하와이에 들어선 그는

(환) 박용만 선생 (영)

지방총회의 적극적 후원 아래 〈신한국보〉의 주필로
활동하는 한편

〈신한국보〉는 곧 〈국민보〉로 개칭됐고 제가 사장에 취임합니다.

한인 사회의 자치 실현을
위해 힘을 쏟았다.
자치 규정을 기초하고

**대한인국민회 하와이
지방총회 자치 규정**

제장 총칙
하와이 군도에 산재한 대한 인민은
안녕질서를 유지하며 공익을
도모하여 단체의 실력을 양성하여
조국의 국민 된 의무를 이행하기
위하여 전능하신 상제 앞에서
이 규약을 제정함.
제조 본조직
한 부분의
하와이 군도
마우이, 오아
재류 동포로서 성립하며…

모두 6장 155조 이루어졌습니다.

하와이 당국과 교섭해 상당한 수준의
자치를 보장받았다.

하와이 지방 총회를 법인으로 인정해주고

우리에게 특별경찰권까지
허락했습니다. 우리 내부의
치안과 분쟁 조정을 우리 스스로
할 수 있게된 것입니다.

짝 짝 짝.

또한 1914년, 한인 지도자들과 협의해 대조선국민군단과
대조선국민군단 사관학교를 설립하기에 이른다.
그가 하와이를 찾은 이유이기도 하다.

↑
박용만

박종수와 안원규는 도급계약한
농장을 내놓아 군단 부지로 쓰도록 하고

연병장을
포함해서
필요한만큼
사용하시면
됩니다.

정말
고맙습니다.

많은 이들이 자신의 재산, 급여를 털어 후원했다.

그 돈으로 병영도 세우고

무기를 사들이고 군복도 장만했죠.

단원들은 낮에는 농장에 나가 일하고

저녁 시간이나 쉬는 날이면 훈련을 받았는데 그 수가 많을 땐 300명에 달했다.

1917

1917년 해산 직전에 호놀룰루 시가지를 행진하는 대조선국민군단 모습입니다.

이런 움직임을 한심하게 바라보는 이가 있었다.

쯧쯧…

이승만이다.

이역만리에서 저딴 식으로 훈련을 해 일본과 싸운다고? 어이가 없네.

황해도 출신 이승만은 배재학당에서 공부했고

독립협회, 만민공동회 시절 명연설로 이름 높았다.

중추관 의원이 되어서 박영효 내각을 꾸리고 고종을 몰아내려 했다는 혐의로 구금되었는데

탈옥을 시도했다가 실패하면서

혹독한 고문을 당했고

사형선고를 받았다.

死 刑!

언제 죽을지 모르는 사형수 생활 7개월 만에

종신형으로 감형되고

한성 감옥으로 옮겨졌다.

한성 감옥에서의 생활은 특별했다. 미국 선교사들의 도움으로 많은 책을 받아 볼 수 있어서

종교뿐만 아니라 서양사를 비롯한 다양한 방면에 대해 공부할 수 있었다.

이에 그치지 않고 아예 감옥 안에 도서관을 꾸미는가 하면

독립협회 동료들과 함께 학교까지 열었다. 한 칸에서는 아이들 반을 열었고

다른 칸에서는 성인반을 열었다.

선교 활동에도 열심이어서 수십 명을 개종시켰다.

예수께서 말씀하시길.

이때 그에게 개종된 이들로는 이상재, 신흥우, 유성준 등이 있는데 이들은 이후 이승만의 대표적인 국내 인맥이 된다.

25세나 연상인 이상재가
이승만의 적극적 지지자가
된 데는 또 다른 사연도 있다.

독립협회 시절 고종과 조병식의
농간으로 이상재 등 독립협회
간부들이 체포되었을 때

이승만이 만민공동회를
조직해 대중의 힘으로
이들을 구출해냈던 것.

애국자들을 석방하라!

이승만은 또한 《청일전기》, 《독립정신》,
《신영한사전》을 저술하고

〈제국신문〉에 논설을
투고하기도 했다.

이 모든 것은 외국인
선교사들의 적극적 후원이
있었기에 가능했다.

미스터리는 훌륭한 크리스천.

1904년 이승만은 특별사면되어

민영한, 한규설의 주선으로 한국의 독립을 청원하러
미국으로 간다.

어제는 죄수 오늘은 특사.

상원의원인 전 주한 미공사의
주선으로 미국 국무장관을 만나고

몇 달 뒤엔 하와이 한인 대표인 윤병구와 함께
시어도어 루스벨트 대통령도 만나 한국의 독립을 위해
힘써줄 것을 청원했다.

이미 일본과
가쓰라 태프트 밀약을
통해 한국에 대한
일본의 종주권을
인정했는데

그래도 이렇게
만나는 모습을 보이는게
외교지.

그런데 당시의 미국 신문들은 이때 이승만 등이
다음과 같은 입장을 취했다고 보도했다.

러시아 사람들은
줄곧 적이었고
이번 러일전쟁에서
일본이 이기고 있는
것에 기뻐합니다.

우리는 러시아의
영향력 아래 있는
황제의 대표가
아니라 일진회의
대표로 온 것입니다.

그래요?
허허

내용과 성과야 어땠든 이 만남으로 이승만의 명성은
높아졌고 외교통, 미국통으로 각인된다.

대단한 인물이네
미국 대통령을
만나다니.

이승만!

외교는
이승만!

이승만!

이어 이승만은 미국에 남아
유학을 하는데 조지워싱턴대 학사,
하버드대 석사, 프린스턴대 박사까지
모두 5년 만에 마치게 된다.

심지어
석사 후
4개월 만에
박사를.

주한 선교사를 비롯해 미국 기독교계의
전폭적인 추천 등의 지원과

이승만은 감옥에서도 수십 명을 개종시킨 이로 한국에서 기독교를 확산시키는 데 크게 기여할 인물.

석박사 학위를 받게되면 활동에 날개를 달게 될 것입니다.

본인의 적극적인 로비가 가져온 결과였다.

한국에서의 선교 활동에 꼭 필요하니 2년 내에 박사를 받게 해 주시오.

그렇게는 안 돼.

...
OK.

프린스턴대

하버드대

이승만은 당시 독립운동가들과는
사고방식이 달랐다.

전명운, 장인환 사건 재판 시 통역을 요청받자 이렇게 거절했다.

나는 기독교도여서 살인자 용호는 곤란한데다

미국 사회 여론이 부정적이어서 곤란합니다.

1910년 나라가 망하자
많은 애국자들이 망명의 길을
떠나는데

이승만은 귀국을 택했다.

뉴욕에서 출발해 런던, 파리, 베를린, 모스크바를 거쳐 남대문역으로 들어왔지.

신문은 그의 귀국을 이렇게
보도했다. 금의환향이었다.

미국에 유학했던 철학박사 리승만 씨는 10월 10일 오후 8시에 남대문 정거장에 도착했다.

귀국한 이승만은 주로 YMCA를
조직, 관리하고

전국 순회 전도 활동에 나서는 등의 일을 행했다.
그를 후원한 미국인 선교사들의 기대에 부응하는
활동이라 하겠다.

철학박사 이승만
신앙강연

그런데 신민회 사건이 터진다.

그러자 미국에서 열리는
감리교대회에 평신도 대표로
참석한다는 명목으로
화를 피한다.

미국에서 마땅히 자리를 잡지
못하자

석 달 먼저 박용만이 들어간
하와이행을 택한다.

박용만과는 감옥에서 만나
결의형제한 사이.

어서 와
형!

아우야!

하와이의 분열

박용만은 이승만을 적극 환영했다.

자신이 주필 겸 사장으로 있는 〈신한국보〉를 통해서도 이승만을 적극 소개했다.

이승만 박사, 그가 온다 …

이승만이 처음 맡은 일은 한인감리교회에서 운영하는 한인기숙학교 교장.

이때 한인감리교회는 미국인 목사의 친일적인 태도로 한인들로부터 배척받고 있어서 영향력이 미미했다.

석 달 먼저 들어온 박용만은 한인들의 지지를 받으며 이미 지도자로 떠오른 상태.

나 이승만이 동생 밑에서 놀 수는 없는 노릇. 그런데 박용만은 이미 입지가 공고하고 교회는 그다지 힘이 되어주지 못할 모양. …

자신의 입이 되어줄 잡지를 창간한다. 〈태평양잡지〉다.

힘을 쓰려면 언론을 갖고 있어야.

박용만은 이때도 대한인국민회 재정 일부를 떼내어 지원했을 뿐만 아니라

〈신한국보〉를 통해서 적극적으로 홍보도 해주었다.

… 이 박사 승만 씨가 〈태평양잡지〉를 창간한다 함은 이미 본보에 여러 번 말한 바 있거니와 9월 1일에 비로소 제1호를 발행하는데…

이즈음의 박용만은 눈코 뜰 새 없이 바빴다.

수고해 형!

…

한인 자치를 위한 일,

대조선국민군단과 대조선국민군단 사관학교를 건립하는 일을 밀고 나갔다.

그만큼 박용만의 지위는 더욱더 확고해져갔다.

박용만
박용만
박용만
박용만

그런 박용만에 대한 경쟁심도 자라났지만

이승만의 눈에 박용만의 행보는 한심하게 보였다.

쯧쯧…

러시아를 꺾은 강국 일본을 무력으로 물리친다? 그게 가능했으면 나라를 잃지도 않았겠지.

현격한 실력 차이를 인정하고 우선 우리의 실력을 키워야. 그리고 국제 정세의 흐름에서 보다 외교적 수완으로 독립하는게 가능성 있는 방안이지.

뚜렷한 양자의 노선 차이.

무력 준비, 독립 전쟁!

실력 양성, 외교!

1914년 이승만은 교회 측과 마찰을 빚고는 한인중앙학원(한인기숙학교)을 교단으로부터 분리시키고

이건 이제 온전히 내 것!

한인여자기숙사 설립에 나섰다.

그러고는 대한인국민회 측에 납득하기 어려운 요청을 했다.

국민회가 교육 사업을 위해 마련해놓은 부지를 기숙사 부지로 제공하되 나 이승만 명의로 해 주시오.

이에 대한인국민회는 논의를 거쳐 이렇게 의결했다.

제공은 하겠지만 개인 명의로는 안되고 한인여자기숙사 명의로 해야 하요.

쳇!...

이승만은 대한인국민회를 직접 장악해야겠다고 생각했는지 지지자 확보에 적극 나섰다.

그러나 1915년 대한인국민회 선거에서
박용만계인 김종학이 압도적인 표차로
총회장에 당선되자

자연 집행부도 박용만계 위주로 꾸려졌다.

죄다
친박들※

이에 이승만은 〈태평양잡지〉를
통해 성명서를 발표한다.
본격적인 분란의 시작이다.

이곳에 일이
잘못되는 것을 보고
말하지 않으면
그 책임이 나에게
있다고 할 것…

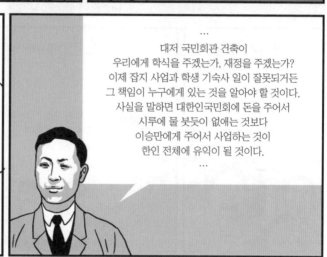

…
대저 국민회관 건축이
우리에게 학식을 주겠는가, 재정을 주겠는가?
이제 잡지 사업과 학생 기숙사 일이 잘못되거든
그 책임이 누구에게 있는 것을 알아야 할 것이다.
사실을 말하면 대한인국민회에 돈을 주어서
시루에 물 붓듯이 없애는 것보다
이승만에게 주어서 사업하는 것이
한인 전체에 유익이 될 것이다.
…

성명서는 대한인국민회 개혁을 위한 네 가지 제안을 하는데
자못 황당했다.

뭔 소리여?
자신을 반대하는 것은
곧 대한인국민회를
반대하는 것이고

대의회를 열 필요가
없고 각지에서
논의해 자신에게
보고하면 자신이
처리하겠다?

재정 전부를
자신에게 보내라?
참나~
어이가 없네.

이어 이승만은 한인이 사는 하와이의
각 섬을 순회하며 대한인국민회
개혁을 역설했고 지지 세력을
조직해갔다.

그러고는 임시대의회 소집을 요구했다.

대한인국민회
하와이 지방총회

임시대의회 →

회의는 정족수 미달로 무산되어야 했지만

과반미달로 정족수 미달···

임시대의회

무슨 소리?!

이승만 세력은 회의를 강행하여 이전 체제를 뒤집어버린다.

지난 선거 결과는 전면 부정한다. 지난 집행부의 결정 사항도 부정한다.

김종학 등 집행부가 공금을 유용했다.

당장 처벌하라!

임시대의회는 그나마 대한인국민회 자체 법률에 의거하여 김종학 등을 처벌하기로 하였지만

자치 규정 제 X장 X조에 의거해···

이승만은 이에 강력 반발해 하와이 법정에 고소하기에 이른다. 한인 자치에 대한 자기부정이다.

김종학은 증거 불충분으로 풀려난 뒤 이승만을 원망하는 유서를 남기고 권총 자살을 시도했다.

탕

총알이 볼을 뚫고 나가 생명을 건짐
↓

어쨌든 이제 대한인국민회 하와이 지방총회는 이승만이 완전 장악했다.

KOREAN NATIONAL ASSOCIATION
대한인국민회 하와이지방총회

이승만 세력은 박용만 세력을 몰아내기 위해 테러도 불사하는 모습을 보였다.

그러나 정작 박용만은 이승만에 뚜렷한 대응을 하지 않았다.

그런 박용만을 이승만은 〈국민보〉 주필에 재임용하는 등 솜씨 있게 다뤘다.

나는 여전히 옥중에서 고락을 함께한 아우를 소중히 생각하네.

자네가 아직도 저들과 손잡기를 원한다면 후회하게 될걸세.

그러나 박용만으로서도 더 이상 참을 수 없는 일이 벌어진다.

이승만은 대한인국민회를 장악한 후 남녀 학생 기숙사와 부지 일체를 자기 명의로 하는 등

다 내거.

대한인국민회의 사유화, 무력화에 나섰다.

교민들의 의무금을 대한인국민회가 아니라 박사님께 부치고 교육 기관을 박사님께 위탁하며,

박사님을 재정고문으로 모시기로 의결했습니다.

그런데 1918년 1월 대의회에서 조사원이 장부를 조사하는 과정에 각종 착오가 드러났다.

이승만에게 해명을 요구했지만 제대로 응하지 않았다.

…

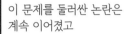
이 문제를 둘러싼 논란은
계속 이어졌고

급기야 조사원들과 이승만 지지자들
사이의 유혈 사태로 발전한다.

놀라운 것은
이에 대한 이승만의
처리다.

퍽 쿵
콰당

이승만은 재정 남용 문제를 끈질기게
제기해온 4인의 조사원을 살인미수
혐의로 하와이 경무청에 고발한다.

살인미수?

그리고 직접 재판에 나아가 증언까지 하는데
그 내용 또한 황당했다.

이들은 박용만 패당이며,
미국 영토에 한국 국민군단을 설립하고
위험한 배일 행동으로 일본 군함
출운호(出雲號)가 호놀룰루에 도착하면
파괴하려고 음모하고 있는 무리들이며
이것이 미국과 일본 사이에 중대 사건을
일으키며 평화를 방해하려는 것이니
저들을 조처하여야 합니다.

뜨아 ———

일본과 미국이 같은 연합국인 정세를
재판에 유리하게 활용해보려 한
꼼수였다.

도대체
대조선국민군단과
이번 사건이 무슨
관련이며,

증인석

배일 활동을
비난하다니,
한인 지도자가
할 말이야?

웅성 웅성

재판은 증거 불충분으로 기각 처리되었다.

쳇!

한편 대조선국민군단 등 박용만 측의 움직임을 불편한 눈으로 바라보던 일본은

기회를 빌려 미국 측에 강력히 항의한다.

우리 일본과 미국은 같은 연합국의 일원 아닙니까?

그런데 미국령인 하와이에서 일본을 무너뜨리는 것을 목표로 하는 대조선국민군단이란 무장 조직이 버젓이 군사 훈련을 하고 있으니 말이 됩니까?

즉각적인 해체를 촉구합니다.

미 국무장관이 수용하고

알겠습니다. 하와이 정부에 실태를 조사하게 하고 조처토록 하겠습니다.

하와이 당국은 특별 경찰권을 취소하여 한인 사회의 자치권을 박탈했다.

대조선국민군단에 대해서도 농장주를 통해 농장 계약을 해지하게 하는 등 해체 압력을 가해왔다.

계약 연장은 곤란하게 되었소. 당국의 요청인지라 어쩔 수가 없소. 유감이오.

대조선국민군 KOREA PEOPL

결국 무장투쟁론자인 박용만이 공들여 키운 대조선국민군단은 1917년 즈음 해체되고 만다.

대 조 선 국 민 단

한편 박용만 지지 세력들은 별도 모임을 구성하고 대한인국민회 측에 대의회 소집을 요구했으나 거절당했다.

KOREAN NATIONAL ASSO

대한인국민회 하와이지방

NO!!

이에 하와이 국민회 임시중앙연합회를 구성한다. 하와이에 두 단체가 양립하게 된 것이다.

| 대한인국민회 하와이지방총회 | 하와이 국민회 임시중앙연합회 |

연합회는 갈리히연합회로 불렀습니다.

갈리히 지방 중심인지라.

그동안 참아왔던 박용만도 '시국소감'을 발표해 그간의 경과를 설명하고 이승만을 비난했다.

원래 하와이 대한인국민회가 그 사업 발전을 위하여
유망한 인물을 청한다는 것이 이승만 박사를 청하여 온 것이요,
그 인물을 받들기 위하여 대한인국민회를 희생하자는 것이 아니었다…

더욱이 재판석에서 대조선국민군단의 항일운동이 죄이고
국제 평화의 소란을 음모하는 것이니 조처하라고 호소한 것은
우리 동포의 애국정신을 변천시키고 독립운동을 음해하는 악독한 행동이다…

이승만이 글로는 민주를 주장하고 실제는 경우와 공론을 멸시하며
말로는 도덕을 부르고 행실로는 작당과 몽둥이질을 교촉하며 동포를 대하여
죽도록 싸우자 하고 파쟁을 기탄없이 조장하니
이것이 자기의 조그마한 지위를 보존하려고
동포로 하여금 서로 충돌하여 망운을 초래하게 하는 행동이다.
후일에 학자가 있어서 하와이 한인 사회 실정을 기록하면
보는 자 누구나 책상을 치면서 질책할 것인데
행여나 이것이 우리 민족 장래에 거울이 되기를 바라는 바다.

그렇게 하와이 교민 사회는 분열했고

국민회

연합회

이승만

박용만

친이

친박

밀집된 교민들의 회비에 기초해 조직적으로나 재정적으로 대한인국민회 내에서 가장 막강했던 하와이 지방총회는 회원 수나 재정 면에서 3분의 1로 축소된 이승만 사조직으로 변질되고 말았다.

어쨌든 다 내 거.

중국 내의 독립운동

중국에 들어간 독립운동가들은 상하이,

그중에서도 프랑스 조계에 주로 자리 잡았다.

이들은 대부분 중국의 신해혁명을 지지했고 중국 혁명의 흐름에 맞춰 움직였다.

신규식, 박은식, 신채호, 김규식, 조소앙, 문일평, 홍명희 등은 1912년 동제사를 조직한다. 대종교 신봉자들을 중심으로 한 독립운동 조직이다.

박달학원을 세워 유학생들을 지원하기도 했다.

1915년 3월엔 신한혁명당이 조직되었다. 동제사의 주도 인물 신규식, 박은식과

칭다오에서 온 조성환,

연해주에서 온 이상설과 유동열,

베이징의 성낙형, 국내에서 온 이춘일 등이 주요 멤버들이다.

신한혁명당

당수 고종

본부장 이상설

감독 박은식

상하이지부장 신규식

창춘지부장 이동휘

외교 부장 성낙형

교통 부장 유동열

재정 부장 이춘일

본부는 베이징에 두었고

왜 북경? 상해가 아니고.

열강이 위안스카이를 지지하는지라 그 쪽과 교섭해야 해서.

창춘, 옌지, 회령, 나남 등지에 지부를 두었다.

• 창춘

옌지

회령

나남

신한혁명당을 조직한 이유는 정세의 급변 때문. 일본이 독일에 선전포고하면서 유럽의 대전에 끼어든 것이다.

더구나 위안스카이를 압박해 21개조를
요구했다는 소식에 그들은 조선 독립의 기회가
왔다고 여겼다.

일본이 드뎌
미쳤구만.

이제 독일-중국
연합국과 일본 간에
한판 싸움이
벌어질 텐데.

일본이 당근
깨지겠죠?
독일은 러시아랑은
다를 테니까.

그렇다면 우리는
무엇을 해야 할까요?
중·독 연합군이
일본을 공격할 경우
국내 진공, 열차·차단
등을 해내야 합니다.

그리고 전쟁 승리 후
독립을 이루려면
미리 중국과 조약을
체결해둬야 하는데
그러려면 민족을
대표할 수 있는 단일한
조직이 있어야 합니다.

그렇게 신한혁명당은 만들어졌다.

과연
그렇소!

조직의 수장인
당수엔 고종이
추천되었다.

엥? 우리 중
다수는
공화주의잔데?

이 역시 필요에 따른 결정이었다.

독일도 황제국이고
위안스카이도
황제가 되려하고
있으니 황제를
내세우는 편이
옳소.

아! 그런
이유라면!

성낙형이 고종의 위임장을
받아오기 위해 국내로 들어갔고

내관 염덕신을 통해 관계 서류를 고종에게 전했는데

알현 방법을 모색하던 중 발각되면서 체포되고 만다.

그리고 예상과 달리 위안스카이는 21개조를 수락하고

이런 말도 안 되는 일이···

···
OK.

독일은 아시아에까지 힘쓸 여력이 없었다.

40여 일의 전투 끝에 청도의 독일군 요새 함락.

그렇게 신한혁명당의 시도는 실패로 끝났다. 정세에 대한 잘못된 판단.

독일도 그렇지만 위안스카이가 저리 맥없이 무릎 꿇을 줄이야.

보황주의를 채택한 문제점에도 불구하고

필요에 따른 결정이라니깐.

정세를 능동적으로 활용하려 한 의미 있는 시도였다 하겠다.

新韓革命黨

이렇듯 강제 병합 이후

압도적인 물리력에 기초한 일제의 잔혹한 탄압에도 굴하지 않고

나라 안팎에서 숱한 이들이
나라를 되찾기 위한
싸움에 떨쳐 나섰다.

그리고 그 영향을 받으며 물밑에서 꿈틀대던 민중들의 분노에 찬 민족의식이
거대한 역사의 물줄기를 만들어낸다.

휘이이이잉

부록

• 일러두기 •

인명사전에 친일 반민족 행위자로 표기된 인물은

민족문제연구소에서 발행한 《친일인명사전》에 등재된 인물로,

인물 아래에 별도로 親日 표시를 해두었습니다.

우리는	세계는

1910년

우리는	세계는
8월 29일 일본에 강제 병합됨	
30일 〈대한매일신보〉, 〈대한민보〉, 〈대한신문〉이 각각 〈매일신보〉, 〈민보〉, 〈한양신문〉으로 개제됨	
9월 10일 황현, 음독 자결함	
11일 조선의 모든 정치결사에 해산이 명령됨	
12일 일진회가 해체됨	
30일 중추원 관제가 공포됨	
이재명, 사형에 처해짐	
토지조사사업이 실시됨(~1918년)	10월 5일 포르투갈, 공화국을 선언함
	22일 청 자정원, 국회 즉시 개원을 결의함
10월 1일 초대 조선 총독에 데라우치 마사타케가 임명됨 (~1916년 10월 14일)	
정무총감에 야마가타 이사부로가 임명됨	
조선총독부 관제가 공포됨	
11월 2일 각종 간행물이 발매 금지됨	11월 멕시코혁명이 일어남
16일 《을지문덕》등 서적 45권이 발매 금지됨	4일 청, 1913년에 국회를 개원하기로 함
12월 이회영 일가, 망명길에 나섬	20일 톨스토이, 사망함
일제, 안악사건을 조작함	12월 13일 스즈키 우메타로, 비타민 발견 사실을 발표함
안명근, 체포됨	
8일 〈서북학회 월보〉 등 학회지 발행이 취소됨	
29일 회사령이 공포됨	
30일 전 궁내부를 이왕직으로 개편한 관제가 공포됨	

1911년

우리는	세계는
1월 신민회의 국외 독립군 기지 건설을 위한 선발대	
이동녕과 이회영, 만주 펑톈성 류허현에 도착함	
일제, '양기탁 등 보안법 위반 사건'을 날조함	3월 11일 일본 중의원, 보통선거법안을 통과시킴
2월 간민교육회, 간도 전역에서 회원 200여 명을 확보함	19일 세계 각지에서 제1회 세계여성의날 행사가 개최됨
3월 서일, 중광단을 조직함	5월 22일 청, 철도 국유화를 선포함
4월 29일 경학사, 신흥강습소를 창건함	6월 1일 러시아와 일본, 범죄인 인도조약 부속선언에 조인함
5월 〈소년〉지, 발행을 정지당함	20일 일본 기독교회, 조선인 황민화를 위한 전도에 착수함
20일 권업회가 조직됨	
6월 3일 사찰령과 어업령이 공포됨	

1912년

4월	엄복동, 전조선자전차경기대회에서 우승함
	토지조사사업 계획이 변경됨(1916년의 기한을
	1918년까지로 연장하고 총예산도 증액함)
	총독부, 독·노·이·영·미 영사와
	각국 거류지 철폐에 관한 의정서에 조인함
19일	하와이에 대한부인회가 조직됨
5월	안창호, 샌프란시스코에서 흥사단을 조직함
6월 4일	박용만, 미국 네브래스카 주에서 유학생회를
	조직함
7월 12일	'대한인국민회 헌장'이 개정, 반포되고
	대한인국민회가 대한 국민을 기반으로 하는
	자치 정부임이 선포됨
15일	대구복심법원, 신민회 사건 판결공판에서
	양기탁, 이승훈 등 6인에게 징역 6년,
	기타 99인에게 무죄를 선고함
9월	임병찬 등 독립의군부 간부진,
	일본 총리대신에게 국권반환요구서를 보내고
	전국에 격문을 배포함
20일	이승만, 호놀룰루에서 월간 〈태평양잡지〉를
	창간함
12월	채기중 등, 풍기에서 대한광복단을 결성함

	타고르, 노벨 문학상을 수상함
	비타민A가 발견됨
	캐럿의 무게가 표준화됨
1월 10일	티베트, 몽골과 동맹조약을 체결하고
	독립을 선언함
16일	영국 하원, 아일랜드 자치 법안을
	의결함
2월	중국국민당, 45%의 의석을 획득하고
	입헌군주제에 압승함
5일	일본 정우회와 국민당, 정부를 탄핵함
11일	민중 데모로 가쓰라 다로 내각이 퇴진함
5월 30일	런던회의에서 제1차 발칸전쟁
	강화조약이 체결됨
6월	제2차 발칸전쟁이 일어남(~1913년 8월)
13일	일본, 육해군성 관제를 개정, 공포함
	(대신 및 차관 임명 자격에 있어 현역
	제한 사항을 삭제함)
8월	쑨원, 일본으로 망명함
10월 6일	일본, 중화민국을 승인함
10일	위안스카이, 대총통에 취임함
11월 4일	위안스카이, 국민당 해산령을 내림

	13도 12부 220군 2,521면으로 지방조직이
	개편됨
1월 22일	호남선이 개통됨
2월 23일	대한독립의군부, 각도 및 각군의 대표를
	선정하고 항일투쟁을 결의함
3월	이화학당 대학과 제1회 졸업식이 거행됨
	(여학사 3명을 배출함)
16일	연초세령이 공포됨
4월 2일	도쿄에서 〈학지광〉이 창간되고,
	최팔용이 편집인을 맡음
5월	대한독립의군부가 발각됨
6월	의병장 임병찬, 거문도로 유배됨
10일	박용만, 하와이 대조선국민군단을 결성함
7월 1일	대한인국민회, 4월 캘리포니아 주 정부에게 한인
	자치기관으로 인정받은 후 자치 규정을 공포함

	포드자동차, 하루 8시간 노동에
	5달러를 지급하기로 함
3월 24일	영국, 중국, 티베트, 중국·인도 국경선
	제정 협정에 조인함
5월 1일	위안스카이, 중화민국 약법을 공포함
6월 28일	사라예보사건이 일어남
7월 8일	쑨원, 도쿄에서 중화혁명당을 결성함
28일	오스트리아, 세르비아에 선전포고를
	하고, 제1차 세계대전이 시작됨

6일 선린상업학교 한인 학생, 일본 학생과 충돌 후
　　전원 자퇴원을 제출함
27일 한글학자 주시경, 사망함
8월 16일 경원선이 개통됨
21일 한용운 등, 조선불교회를 불교동맹으로 개편함
9월 2일 러시아 관헌, 일본의 요구로 블라디보스토크의
　　한인을 국외로 추방하고, 권업회 등을 해산하며,
　　신문 발행을 금지함
30일 유길준, 사망함
10월 1일 함경선이 착공됨
12월 　안희제, 백산상회를 설립함
　　대한광복군 정부가 해체됨
2일 평안남도 경무부, 의병대장 채응언에
　　현상금 280원을 내걺

8월 1일 독일, 러시아에 선전포고함
3일 독일, 프랑스와 개전함
4일 영국, 독일에 선전포고함
6일 러시아와 오스트리아, 개전함
8일 영국과 프랑스, 오스트리아에
　　선전포고함
15일 파나마운하가 개통됨
23일 일본, 독일에 선전포고함
9월 2일 일본군, 산둥반도에 상륙함
11월 7일 일본군, 칭다오를 점령함
12월 9일 영국, 이집트 보호국화를 선언함

1915년

1월 15일 박상진과 서상일 등, 조선국권회복단을 조직함
2월 13일 신민회 사건으로 복역 중인 윤치호, 양기탁 등,
　　전원 가석방됨

3월 　이상설, 박은식, 이동휘의 주도로
　　신한혁명당이 결성됨
　　이용우, 남형우 등, 조선산직장려계를 결성함
4월 　김성수, 중앙학교를 인수함
5월 　하와이 교포 사회가 이승만파와 박용만파로
　　분열됨
2일 〈학지광〉이 발매 금지됨
7월 5일 채응언, 체포됨
15일 박상진, 대한광복회를 조직함
8월 16일 포교 규칙이 공포됨
9월 　시정 5주년 조선물산공진회가 개최됨

11월 4일 채응언, 평양 감옥에서 사형에 처해짐
10일 도쿄 유학생 이광수와 신익희 등,
　　조선학회를 조직함
12월 28일 조선광업령이 공포됨

신문, 사건 보도에 사진이 사용됨
1월 18일 일본, 중국에 21개조 요구를 강요함
2월 8일 미국에서 영화 〈국가의 탄생〉이 개봉됨
11일 재일 중국 유학생, 21개조 요구 반대
　　대회를 개최함
25일 상하이에서 국민대일동지회가 결성됨
3월 　일본 제6사단과 제10사단,
　　만주로 출병함
4월 24일 아일랜드에서 신페인당 등 반영
　　무장봉기가 일어남
26일 영·프·러·이, 런던 비밀조약에
　　조인함
5월 3일 이탈리아, 삼국동맹을 파기함
6일 일본 어전회의, 대중국 최후통첩
　　결정을 발표함
7일 일본, 제2함대를 출동시킴
9일 중국, 일본의 21개조 요구를 수락함
25일 중국과 일본, 신조약(21개조)에 조인함
10월 19일 일본, 영·불·러의 런던선언을 수용함
30일 일본, 대만 독립 사건에 대한 판결에서
　　903명에게 사형을 언도함
12월 12일 위안스카이, 황제에 추대됨

고영희
1849~1916
親日

조선 말기 문신, 친일 반민족 행위자. 1907년 이완용 내각의 탁지부 대신일 때는 헤이그 특사 사건으로 고종이 강제 퇴위될 때 적극적으로 협력했으며 1909년 내부대신 임시서리 및 탁지부 대신이 돼서는 한일 강제 병합에 적극 관여했고, 그 대가로 일제로부터 자작 작위와 10만 원의 은사금을 받았다. 이후 중추원 고문을 지냈다.

권영만
1878~1964

독립운동가. 1915년 대한광복회를 조직하고 참모장에 취임했다. 1917년 대구로 수송 중이던 우편 차를 습격, 세금 8,700원을 탈취해 군자금에 충당했다. 1920년에는 상하이임시정부에 군자금을 모아 보내 해외 독립운동을 후원했다. 총독부 정무총감 미즈노 등 일본 고관의 암살을 계획하다가 일본 경찰에 검거돼 8년 형을 선고받고 옥고를 치렀다. 1963년 건국훈장 독립장 수훈.

권중현
1854~1934
親日

조선 말기 문신, 친일 반민족 행위자. 1905년 11월 을사조약 체결에 주도적으로 참여해 을사오적에 이름을 올렸다. 이후 각종 이권을 일본에 넘겨주고 의병을 토벌하고, 친일 단체에 관여하는 등 반민족 행위에 앞장섰다. 1907년 3월 나인영, 오기호 등이 이끄는 오적 암살단에게 습격을 받으나 미수에 그쳐 목숨은 건질 수 있었다. 1910년 10월 국권피탈에 앞장선 공로를 인정받아 자작 작위를 받고 중추원 고문이 됐다.

김가진
1846~1922

독립운동가. 예조판서를 지낸 김응균의 아들로 사헌부, 장례원 등에서 직책을 맡았다. 1894년 갑오개혁 시기에는 군국기무처 회의원으로서 내정 개혁에 참여했고, 갑오개혁이 좌절된 뒤에는 독립협회 위원으로 활동했다. 이때 독립문의 현판석 글씨를 직접 썼다. 1905년 을사조약이 체결될 때 민영환 등과 함께 반대했으며, 1908년에는 대한협회 회장으로서 일진회에 맞서 그들의 친일 행위를 비판했다. 1910년 국권이 피탈될 당시 남작의 작위를 수여받으나 즉시 반납하고 비밀결사 대동단을 조직했다. 이후 상하이로 이주해 독립운동을 지속했으며, 대한민국임시정부 고문을 지냈다.

김관현
1876~1948
親日

대한제국 시기의 무관, 친일 반민족 행위자. 1900년 일본 육사를 제11기로 졸업하고 보병 정위로 러일전쟁에 참가해 일제로부터 종군기장과 전공금 1,000원을 받았다. 1909년 3월 수원군수가 됐다. 이후 충남도지사와 함남도지사 등 지방 요직을 거치고 1926년 퇴임과 동시에 조선토지개량주식회사 고문이 됐으며, 1934년부터 해방까지 여러 차례 조선총독부 중추원 참의직을 지냈다.

김광서
1888~1942

독립운동가. 1911년 일본 육군사관학교를 졸업하고 도쿄 제1사단 기병 제1연대에 근무했다. 1916년 도쿄에 근무하는 한국인 장교들의 모임인 전의회 회장이 됐고, 1919년 2·8독립선언 이후 귀국해 지청천와 같이 만주 류허현 삼원보에 세워진 신흥무관학교 교관으로 취임했다. 1920년에는 무기 구입을 위해 러시아로 넘어갔다가 한국인 600여 명의 청년을 규합해 항일 무장 부대를 편성하고 러시아 적군(赤軍)과 함께 일본군 및 그들의 후원을 받는 러시아 백군과 싸웠다. 1922년에는 포시에트 조선 빨치산 부대 사령관으로 임명돼 러시아 적군의 한국 독립군 무장해제 시도에 저항했다. 1923년 상하이로 건너가 임시정부 국민대표회의에 참석하나 임시정부의 분열에 실망감을 느끼고 다시 연해주로 돌아와 무관학교를 설립, 1930년대 초반까지 독립군 양성에 힘썼다. 1936년 간첩죄로 체포되어 3년 형을 선고받았고 1939년 중앙아시아 카자흐스탄으로 이주해, 집단농장에서 노역했다. 1998년 건국훈장 대통령장 수훈.

김교헌
1868~1923

대종교 제2대 교주, 독립운동가. 1916년 9월 나철의 뒤를 이어 대종교의 제2대 교주에 취임했다. 1917년 일본의 탄압을 피해 총본사를 동만주 허룽으로 옮기고 교세 확장을 통한 독립운동 강화와 동포들의 독립 정신 교육에 전념했다. 1918년 11월 해외에서 선언된 대한독립선언서에 가장 먼저 서명하며 주동적 역할을 했다. 1977년 건국훈장 독립장 수훈.

김구
1876~1949

독립운동가. 본명 김창수, 호는 백범. 황해도 해주 출신으로 18세에 동학에 입도했고 19세에 팔봉접주가 되어 동학군 선봉장으로 해주성을 공략했다. 이후 1896년 2월, 일본군 중위 쓰치다를 맨손으로 처단하고 은신해 있던 중 체포되어 9월 사형을 선고받았다. 사형 집행 직전 고종황제의 특사로 집행이 중지됐으나 석방되지 않아 이듬해 봄 탈옥했다. 삼남 일대를 떠돌다 공주 마곡사에 입산해 승려가 됐고, 이후 환속하였다. 20대 후반 기독교에 입교하고, 1905년 을사조약이 체결되자 상동교회 지사들의 조약 반대 전국대회에 참석하고, 을사조약 철회를 주장하는 상소를 결의하여 대한문 앞에서 읍소했다. 1909년 신민회 회원으로 구국운동에도 가담했으나 105인사건으로 체포돼 17년 형을 선고받았다.

1914년 7월, 감형으로 형기 2년을 남기고 가출옥했다. 1919년 3·1혁명 직후 상하이로 망명해 대한민국임시정부 초대 경무국장이 됐고, 1923년 내무총장, 1924년 국무총리 대리, 1926년 국무령, 1927년 국무위원이 됐다. 1931년 한인애국단을 조직하고, 1932년 이봉창 의거와 윤봉길 의거를 주도했는데, 윤봉길의 상하이 의거가 성공하자 크게 이름을 떨쳤다. 1933년에는 장제스를 만나 한중 양국의 우의를 돈독히 하고 중국 뤄양군관학교를 광복군 무관양성소로 사용하도록 합의를 보았다. 1934년 임시정부 국무령, 1940년 3월 국무위원회 주석, 1944년 4월 충칭 임시정부 주석으로 재선됐다. 그리고 한국광복군 특별훈련반을 설치하면서 미 육군 전략처와 제휴해 중국 본토와 한반도 수복의 군사훈련을 적극 추진하고 지휘하던 중 8·15광복을 맞이했다. 1945년 11월 귀국해 12월 28일 모스크바삼상회의에서 신탁통치가 결의되자 신탁통치반대운동에 적극 앞장섰다. 1947년을 전후해 대한독립촉성 중앙협의회와 민주의원, 민족통일총본부를 이승만, 김규식과 이끌었다. 1947년 11월 국제연합 감시하의 남북 총선거에 의한 정부 수립 결의안을 지지하면서 논설 '나의 소원'에서 밝히기를 "완전 자주독립 노선만이 통일 정부 수립을 가능하게 한다"고 역설했다. 그러나 남한만의 단독선거가 결정되자 김구는 남한만의 선거에 의한 단독정부 수립 방침에 절대 반대하는 입장을 취했다. 그해 2월 10일 '삼천만 동포에게 읍고함'이라는 성명서를 통해 마음속의 38선을 무너뜨리고 자주독립의 통일 정부를 세울 것을 강력히 호소했다. 분단된 상태의 건국보다는 통일을 우선시하여 5·10 제헌국회의원 선거를 거부하기로 방침을 굳히고 그해 4월 19일 남북협상차 평양으로 향했으나 실패의 시련을 맛보았다. 1949년 6월 26일, 서울 서대문구에 있던 자택 경교장에서 육군 소위 안두희에게 암살당했다. 1962년 건국훈장 대한민국장 수훈.

김규식
1881~1950

정치가, 독립운동가. 귀양 간 아버지에 이어 어머니마저 사망해 6세에 고아가 되지만 마침 우리나라에 와 있던 미국 선교사 언더우드 아래서 성장할 수 있었다. 그때 요한이라는 교명을 받았다. 1897년부터 1903년까지 미국에서 공부했으며, 이듬해 프린스턴대학원에서 석사 학위를 받고 귀국해 1904년부터 1913년까지 교육 활동에 힘썼다. 1911년 일본의 교회 탄압이 시작되자, 1913년 중국으로 망명해 화베이(화북)와 몽골 지방에서 상업에 종사하기도 했다. 1918년 모스크바 약소민족대회 및 1919년 파리강화회의에 한국 대표로 참석했는데, 파리에 도착해 조선혁명당 이름으로 항일 전선을 구축하고 파리에 조선공보국을 설치해 회보를 발간하는 한편, 젊은 층을 흡수해 신한청년당을 조직하고 그 대표가 됐다. 이어 대한민국임시정부 구미위원부 위원장, 학무총장 등에 선임됐으며, 1921년 동방피압박민족대회에 참석해 상설 기구를 창설하고, 1927년에 그 의장직을 맡으면서 기관지 〈동방민족〉을 창간했다. 1935년 민족혁명당을 창당해 주석이 됐고, 1942년 임시정부 국무위원을 지냈다. 해방 이후 귀국하여 그해 12월 모스크바삼상회의의 결정문을 국민에게 발표하고 즉각 반탁운동을 전개했다. 1946년 2월 민주의원 부의장, 3월 미소공동위원회 한국 대표, 5월에 좌우합작 준비 작업을 추진하고, 6월부터 7월까지 미 군정 좌우합작위원회 예비회담에 참가했으며, 12월 입법의원 의장, 1947년 10월 민족자주연맹 의장이 됐다. 1948년 1월 유엔한국위원단의 서울 도착을 계기로 남북협상 활동을 펼쳤으며, 그해 2월 이승만의 남한 단독정부 수립안에 반대하고 김구와 연합해 남북협상을 제안했다. 김일성, 김두봉의 회신에 따라 남북협상 5원칙을 제시하고, 4월 21일 38선을 넘어 평양을 방문, 4자 회담을 가졌으나 성과가 없자 북한 측의 제2차 남북협상 제의를 거절하고 5월 21일 통일독립촉성회를 결성해 그 이전의 5·10 남한 단독 총선거에 '불반대, 불참가'했다는 성명을 발표한다. 1950년에 6·25전쟁이 일어나면서 납북되어, 12월 10일 만포진 근처에서 숨진 것으로 알려졌다. 1989년 건국훈장 대한민국장 수훈.

김동삼
1878~1937

독립운동가. 1907년 협동학교를 세웠으며, 1909년에는 서울 양기탁의 집에서 신민회 간부들과 독립운동 기반 마련 방안과 독립투사 양성책을 협의했다. 1910년 국권피탈로 국내 활동이 어려워지자 1911년 만주로 건너가 류허현 삼원보에서 이상룡, 이시영, 이동녕, 윤기섭, 김창환 등과 경학사를 조직해 재만 동포의 농지개혁과 생활 안정을 도모하는 한편, 신흥강습소를 설치해 교육에 힘썼다. 1913년 경학사를 발전적으로 해체하고 여준, 이탁 등과 남만주의 동포 자치기관으로 부민단을 조직했다. 무장독립운동을 위해 조직한 서로군정서의 참모장으로 임명되어, 1920년 지청천과 함께 소속 부대를 안투현 밀림 속으로 옮겨 제2의 군사기지를 구축하는 등 활발한 활동을 전개했다. 1922년 연해주 각지 등을 순회하면서 독립운동 단체 통합을 위해 노력하던 끝에, 싱징(흥경)에서 각 단체를 통합해 대한통의부를 조직하고 위원장에 피선됐다. 1923년 상하이에서 열린 국민대표회의에 서로군정서 대표로 참석하고 의장으로 선임돼 회의를 이끌었다. 이때 개조파와 창조파로 갈려 대립을 보이자 독립운동 기구를 일원화시키기 위해 많은 노력을 기울였으나 실패했다. 1928년 지린(길림)에서 정의부 대표로 김좌진, 지청천, 현정경, 이규동 등과 두 차례나 만나 신민부, 참의부 등과의 삼부통합회의를 진행했다. 1962년 건국훈장 대통령장 수훈.

김두봉
1889~?

한글학자, 정치가, 독립운동가. 기호학교와 배재학교에 다녔다. 1913년 대동청년단에 가입했으며 이듬해 배재학교를 중퇴했다. 당시 최남선이 주재하고 있던 조선광문회에 참여해 소년 잡지 〈청춘〉을 편집하는 일에 종사했고, 대종교에 관계하기도 했다. 주시경 밑에서 한글 연구에 몰두하여 27세의 나이로 광문사에서 발행한《조선어문전》편찬에 참여하는 등 한글 연구의 기초를 닦았다. 1919년 3·1혁명에 참가했다가 4월 신의주를 거쳐 중국 상하이로 망명해 신채호가 주필로 있던 〈신대한〉의 편집을 맡아 일하다가, 신문 발행이 제16호로 중지되자 신한청년당에 가담했다. 대한민국임시정부 초창기에는 대한민국 임시의정원 의원을 지냈고, 1920년 이동휘를 중심으로 한 공산주의자 모임에 가담해 공산당에 입당했다. 1922년 30여 만 개의 우리말 단어를 수록한《깁더조선말본》을 출판했으며, 이후 고려국(일명 고려공산당 총무국) 간부로 활동했고, 1928년 고려공산당이 코민테른 지시로 해산되자 대한독립당 성립 촉성회에 참여했다. 안창호를 중심으로 한 각파혁명이론비교연구회에 가담해 한인학우회 강연 등에 참여했고, 1935년 김원봉과 한국민족혁명당을 결성했다. 1942년 중국 팔로군의 근거지인 옌안에서 최창익, 무정, 한빈 등과 조선독립동맹을 결성하고 주석에 취임했다. 대한민국임시정부 및 국내의 건국동맹 등과 대일 연합 전선 형성을 위해 연락하던 중 광복을 맞아 1945년 12월 독립동맹과 함께 평양으로 귀환했다. 1946년에는 조선독립동맹을 조선신민당으로 개편, 위원장에 취임했고, 8월에 조선신민당이 북조선 조선공산당과 합당하여 북조선노동당으로 통합될 때 위원장에 선출됐다. 이후 김일성대학 총장, 북조선인민회의 의장, 최고인민회의 대의원 및 상임위원회 위원장, 조국통일전선의장단 의장 등을 역임했으나, 1958년 반혁명 종파 분자로 공격받아 축출됐다. 1960년 지방협동농장에서 사망했다고 한다.

김사준
1855~?

조선 말기 문신. 의친왕비 김씨의 아버지다. 1893년 의금부 도사로 관직을 시작해 여러 고을에서 지방관으로 활약했다. 1901년부터는 중추원 의관을 시작으로 중앙의 요직을 두루 거치고 1907년 궁내부 특진관에 올랐다. 1910년 국권피탈 후 일제로부터 남작 작위를 받고 중추원 참의가 됐으나, 후일 독립운동에 가담해 작위가 박탈됐다. 시문에 능했다.

김상태
1864~1912

의병장. 을미사변과 단발령에 항거해 1896년 의병이 봉기할 때 의병을 일으켰다. 1908년 이강년이 체포되고 순국한 뒤에는 의병대장으로서 경기도, 강원도, 경상도 일대에서 항전해 이름을 널리 알렸다. 체포된 뒤 단식투쟁으로 항거하다 옥사했다. 1963년 건국훈장 독립장 수훈.

김석진
1843~1910

조선 후기 문신, 항일 우국지사. 1905년 을사조약이 체결되자 다음 해 1월 23일, 을사오적을 처단할 것을 상소했다. 이후 을사오적의 한 사람인 이지용과 어깨를 나란히 하고 한 줄에 설 수 없다는 이유로 의효전 향관직을 사직했다. 조병세가 을사조약에 반대하는 뜻으로 음독하자 자신도 따르기로 마음먹고, 1910년 9월 8일 아편을 먹고 자결했다. 1962년 건국훈장 독립장 수훈.

김성수
1891~1955
親日

기업가, 교육가, 언론인, 친일 반민족 행위자. 호는 인촌. 와세다대학 정경학부를 졸업하고 귀국 후 1915년 중앙학교를 인수, 1917년 교장에 취임했다. 같은 해 경성직뉴주식회사를 인수했다. 1919년 3·1혁명에 참여하고, 10월에 경성방직 설립 인가를 받았으며, 이듬해 〈동아일보〉를 설립해 사장이 됐다. 1922년 물산장려운동, 1923년 조선민립대학 기성회에 참여하는 등 실력양성운동에 매진했다. 1929년 중앙학원을 설립해 1931년 중앙고등보통학교 교장에 취임하고, 1932년 보성전문학교를 인수했으며, 1936년 '일장기 말소 사건'의 여파로 〈동아일보〉에서는 물러나게 된다. 이후 1937년 중일전쟁의 의미를 널리 확산시키기 위해 마련된 경성방송국의 라디오 시국 강좌를 이틀 동안 담당하고, 국방헌금을 헌납하는 등 친일 행위에 나섰다. 1938년 국민정신총동원연맹 발기인으로 참여해 이사가 되었고, 1941년 5월 국민총력조선연맹의 이사 및 평의원에 선임됐다. 1940년대에는 학도 지원병을 고무하고 징병제 참여를 독려하는 글을 많이 써서 발표했다. 해방 후 1945년 미 군정청 한국인 고문단 의장으로 활동했고, 한국민주당 수석총무로 선출됐다. 1947년 반탁독립투쟁위원회 부위원장으로 신탁통치반대운동을 지도했다. 1949년 한국민주당과 대한국민당을 통합한 민주국민당 창당을 주도했고, 1951년 국회에서 제2대 부통령으로 선출됐으나 부산 정치 파동에 항의하며 1952년 사표를 던졌다. 1962년 건국훈장 대통령장 수훈. 2018년 서훈 취소.

김약연
1868~1942

교육가, 독립운동가. 1899년 함경북도 종성에서 10여 가구와 함께 두만강을 건너 만주 간도의 명동에 자리를 잡고 한인 마을을 개척, 규암재라는 사숙을 설립해 인재를 양성했다. 이상설이 건립한 서전서숙이 헤이그특사파견으로 1907년 9월 폐교되고 서전서숙에서 활동하던 사촌 동생 김학연이 돌아오자 1908년 4월 27일 명동서숙을 설립했다. 1909년 서울 청년학관 출신인 정재면이 교사로 오자 명동서숙을 기독교 교육기관으로 전환시켰으며, 1910년 3월 명동중학교를 세워 교장에 취임하고, 1911년 명동여학교를 설립해 여성 교육에도 힘을 기울였다. 1913년 4월 간민회 회장에 선출되고, 1919년 2월 25일 간도 한인 대표로 러시아 우수리스크에서 열린 전로한족중앙총회에 참석했다. 1919년 3·1혁명으로 일어난 문제, 상하이임시정부 각료 추대 등의 문제를 해결하기 위해 간도로 돌아오던 중, 중국 정부에 체포되어 옌지 감옥에 3년간 투옥됐다. 1925년 명동중학교가 룽징 은진중학교에 편입되자 명동소학교 운영을 위해 노력했고, 1929년에는 평양장로 회신학교에 입학, 공부하고 돌아와서는 명동교회 목사로 부임했다. 1937년 룽징으로 이주한 뒤 은진중학교 이사장으로 학교 운영에 힘썼다. 1977년 건국훈장 독립장 수훈.

김옥균
1851~1894

정치가, 개화운동가. 김병기의 양자로, 오경석, 유홍기, 박규수 등 개화사상가의 영향을 받았고, 박영효, 홍영식, 서광범 등 동지를 모아 개화당을 형성했다. 1884년 개화파 동지들과 갑신정변을 일으키나 실패하고 일본으로 망명했다. 1894년 3월 상하이에서 홍종우에게 암살당하고, 시신은 국내로 옮겨져 양화진에서 능지처참을 당했다.

김윤식
1835~1922

학자, 정치가. 박규수 아래서 공부했다. 1865년 음서로 관직에 올랐고 1874년 문과에 급제했다. 1881년 개화 정책에 따라 영선사로서 학도 20명과 공장(工匠) 18명을 톈진 기기국으로 데려가 근대 문물을 배우게 하고, 북양 대신 리훙장과 7차에 걸친 회담 끝에 조미수호통상조약 체결을 이끌어냈다. 청에 체류하는 도중 임오군란이 일어나자 어윤중과 함께 청에 파병을 요청하고 흥선대원군의 축출을 제의해 청군과 함께 귀국했다. 이후 임오군란이 수습되자 기기창 설치의 기반을 마련했다. 1884년 갑신정변 때는 김홍집과 함께 위안스카이에게 구원을 요청해 일본군과 개화파를 몰아내고, 이후 병조판서를 거쳐 독판교섭통상사무로서 대외 관계를 담당하며 급진개화파 세력에 맞서기 위해 흥선대원군 귀국을 주도했다. 1894년 군국기무처 의원으로 갑오개혁에 참여해 그해 7월 외무아문 대신에 임명됐으며, 갑오개혁을 주도했으나 일본이 강요하는 조약들은 순순히 받아들였다. 1896년 2월 아관파천이 일어나 제주목으로 유배되나 1907년 정부의 70세 이상자에 대한 석방 조처에 따라 10년 만에 풀려나 서울로 돌아온다. 한일 병합 이후 일제가 중추원 부의장직과 함께 작위와 연금 등을 주려 했으나 이를 거절하고 고종과 순종의 권유로 작위만 받았다. 3·1혁명이 일어나자 이용직과 더불어 독립을 요구하는 '대일본 장서'를 제출해 저항하였다.

김종철
1880~1917

의병. 1907년 8월 의병 활동을 시작했다. 1909년 일제의 남한 대토벌 작전을 목격하고 재차 의병을 일으켜 친일 관리와 밀정 등 부일배를 처단했다. 그리고 투쟁 역량을 강화하기 위해 군자금을 모집했다. 1915년 체포돼 1917년 4월 서대문 형무소에서 순국했다. 1995년 건국훈장 독립장 수훈.

김좌진
1889~1930

독립운동가. 호는 백야. 1905년 서울로 올라와 육군 무관학교에 입학했다. 이후 고향인 홍성에 돌아와 대한협회와 기호흥학회의 지부를 조직해 애국계몽운동에 앞장섰다. 안창호, 이갑 등과 서북학회를 세우고 산하 교육기관으로 오성학교를 설립해 교감을 역임했다. 1911년 북간도에 독립군 사관학교를 설립할 자금을 마련하려고 족질 김종근을 찾아간 것이 원인이 되어, 2년 6개월간 서대문 형무소에 투옥됐다. 1915년 박상진, 채기중 등이 결성한 대한광복회에 가담했고, 1918년 일본의 감시를 피해 만주로 건너가 대종교에 입교했다. 무오독립선언서에 39명 민족 지도자의 한 사람으로 가담했다. 서일을 중심으로 한 대한정의단에 가담해 군사 책임을 맡고, 대한정의단을 군정부로 개편한 다음 사령관으로 추천됐다. 1919년 대한민국임시정부의 권고를 받아들여 북로군정서로 개칭하고, 소속 무장 독립군의 총사령관이 됐다. 1920년 10월 일본군 대부대가 독립군 토벌을 목적으로 만주로 출병하자 소속 독립군을 백두산으로 이동시키던 도중 청산리에서 일본군과 만나 전투가 시작됐다. 10월 21일 청산리 백운평전투를 시작으로 26일 고동하전투까지 청산리전투가 전개됐으며, 김좌진 장군의 북로군정서와 홍범도 장군 휘하 부대가 서로 합동작전을 벌인 끝에 일본군 1,200여 명을 살상하는 대전과를 올렸다. 특히 김좌진 장군 휘하의 북로군정서군은 백운평전투, 천수평전투, 어랑촌전투 등에서 큰 전승을 거둬 청산리대첩을 승리로 이끄는 데 커다란 공헌을 했다. 그 뒤 북으로 진군하여 그해 말 러시아와 인접한 북만주 미산(밀산)에 도착했고, 집결한 10여 개의 독립군 단체가 통합, 대한독립군단이 결성되자 참모부장으로 취임했다. 대한독립군단이 러시아로 넘어가기 전에 만주로 되돌아와 흩어진 동지들을 재결합해 대기하다가, 1925년 3월 신민부를 창설하고 군사부위원장 및 총사령관이 됐다. 1927년 신민부를 재정비해 중앙집행위원장으로서 신민

부를 통솔했다. 1929년 신민부의 후신으로 한국총연합회가 결성되자, 주석으로 선임
됐다. 1930년 1월 24일 자택 근처 정미소에서 공산주의자 박상실의 총에 맞아 순국
했다. 1962년 건국훈장 대한민국장 수훈.

김진
?~?

사회주의 운동가. 1920년 러시아 공산당 극동국 한인부 설립에 참여, 집행위원이 됐
고, 1922년 베르흐네우딘스크 고려공산당 연합대회에 참가해 중앙 간부로 선임됐다.
1923년 5월에는 적기단 활동에 가담해 만주 안투에서 활동했다.

나철
1863~1916

대종교의 초대 교주, 독립운동가. 29세 때 과거에 급제했다. 을사조약 체결 직전인
1905년 6월 오기호, 이기, 홍필주 등과 일본으로 건너가, 동양의 평화를 위해 한·
일·청 삼국은 상호 친선 동맹을 맺고 한국에 대해서는 선린의 교의로써 부조하라는
의견서를 일본의 정객들에게 제시하나 응답이 없자 일본의 궁성 앞에서 3일간 단식
투쟁을 했다. 1906년, 다시 한 번 일본의 반성을 촉구하기 위해 일본으로 건너가 당
시 이토 히로부미와 대립 관계에 있던 오카모토, 도야마 등을 만나
협조를 구했으나 별 효과를 얻지 못했다. 1907년 1월부터 암살 계획
을 구체적으로 추진해 3월 25일을 거사일로 정하고 오적의 주살을
시도하였다가 실패하고 10년의 유배형을 받았다. 고종의 특사로 그
해에 풀려나 1908년 다시 일본으로 건너갔고 외교적인 통로에 의
한 구국운동을 계속했다. 이후 오기호, 강우, 유근, 정훈모,
이기, 김인식, 김춘식 등의 동지들과 서울 재동에서 단군
교를 공표했다. 1910년 8월에는 대종교로 이름을 바꾸었
다. 1962년 건국훈장 독립장 수훈.

남형우
1875~1943

독립운동가. 1919년 4월 파리강화회의에 제출할 독립청원서와 군자금 5,000원을 지
참하고 조선국권회복단 중앙총부를 대표해 중국 상하이로 망명했다. 4월 11일, 대한
민국임시정부 수립에 참여하고 법무차장에 선임됐다. 4월 25일에는 임시의정
원 의원에 선임된 뒤 의원 자격 심사위원 임무를 수행했다. 5월 10일에는 대한
민국임시정부 법무총장에 선임되어 활약했으며, 1920년 11월에는 교통총장
에 보임돼 교통국 등을 운영했다. 1921년 6월 6일 국민대표회의 준비위원
회 위원장이 되고, 1922년 4월에는 친일 분자 및 밀정 총살과 군자금 모
집을 목적으로 비밀결사 다물단을 조직해 활동했다. 1930년 공산주의자

혐의를 받고 공안부에 잡혔다가 주민들의 진정으로 석방되었다. 1931년 수토병으로 귀국, 고향에서 요양했다. 1943년 3월 13일, 혹독한 일제의 감시와 위협을 참을 수 없어 음독자살하였다고 한다. 1983년 건국훈장 애국장 수훈.

노백린
1875~1926

독립운동가. 1899년 11월 일본 육군사관학교를 졸업하고 1900년 10월 대한제국 육군 참위에 임관돼 한국무관학교 보병과 교관으로 근무했다. 1907년 8월 한국군이 강제해산되고 이어 국권까지 피탈당하자 고향으로 내려가 신민회에 가담하고 김구 등과 교육·산업운동을 전개했다. 1916년 미국 하와이로 망명해서는 1918년 〈태평양시사〉를 창간했고, 1919년 3·1혁명이 일어나자 상하이로 건너가 대한민국임시정부의 군무총장을 맡았다. 1920년에는 미국 캘리포니아에서 재미 동포 김종림의 지원을 받아 항공 학교를 설립했다. 1922년 대한민국임시정부 국무총리에 취임하는데, 1925년 4월 국무총리직을 사임하고 5월 참모총장이 되어 독립군 양성을 위해 노력하다가 미국으로 다시 건너갔다. 워싱턴 구미위원부에서 외교위원으로 소련에 파견되어 외교 활동을 했다. 1962년 건국훈장 대통령장 수훈.

노병대
1856~1913

의병장. 1905년 을사조약이 체결되자 고향에서 의병을 모집했다. 1907년 대부대가 형성되면서 충청북도와 경상북도 일대에 명성을 떨쳤다. 1913년 대구 감옥에 투옥돼 단식투쟁 끝에 순국했다. 1968년 건국훈장 독립장 수훈.

문일평
1888~1939

사학자, 언론인. 1905년 일본으로 유학을 떠나 1910년 귀국해서는 평양 대성학교, 서울 경신학교에서 교편을 잡는 한편, 광문회에 관여했다. 1911년 정치학 연구를 목적으로 일본 와세다대학에 입학했고, 1912년에는 중국으로 건너갔다. 이 시기에 민중, 언론, 불교에 대한 인식을 새롭게 하였다. 1933년 〈조선일보〉 편집 고문이 되면서부터 언론을 통한 역사의 대중화에 힘을 기울였다.

민긍호
1865~1908

의병장. 1897년 원주 진위대 고성 분견대의 정교를 지내고, 1901년 특무정교가 됐다. 1907년 8월 일제가 원주 수비대를 해산하려 하자 약 300여 명의 병사를 이끌고 원주 우편 취급소와 일본 경찰을 습격해 3시간 동안 격전했다. 민긍호가 거느린 의병 부대는 당시 강원도 일대에서는 가장 세력이 컸다. 1962년 건국훈장 대통령장 수훈.

민영달
1859 ~ ?

조선 말기 문신. 명성황후의 종형제로 지략이 뛰어났다. 동학농민운동 당시, 대부분의 대신이 청국에 구원을 요청하려 했으나, 민영달은 일본에 도움을 요청할 것을 주장했다. 1894년 김홍집 내각의 내부대신이 되나 1895년 을미사변으로 명성황후가 시해되자 사직했다. 국권피탈 후 일제가 남작 작위를 주었으나 거절하였다.

민영린
1872 ~ 1932
親日

조선 말기 문신, 친일 반민족 행위자. 여은부원군 민태호의 양자이며 순종비인 순명효황후의 남동생이다. 국권피탈 이후 강제 병합에 협력한 공을 인정받아 일제로부터 백작 작위를 받았으며, 1911년 1월 12만 원의 은사 공채를 받았다. 1919년 아편 복용으로 징역 3개월에 집행유예 3년을 선고받고 작위를 박탈당했다.

박상진
1884 ~ 1921

독립운동가. 1902년 19세 되던 해, 의병장 출신으로 서울 평리원 판사 허위의 문하에서 수학했다. 이후 양정의숙 전문부에서 법률과 경제학을 전공하고 1910년 판사 시험에 합격해 평양법원에 발령을 받지만, 사퇴하고 독립운동에 나섰다. 1912년 대구에 상덕태상회를 설립해 독립운동의 연락 본부로 두었다. 1915년 안일암에서 조선국권회복단을 결성했고, 7월 풍기광복단과 합쳐 대한광복회를 조직하고 총사령으로 취임했다. 대한광복회는 충청도, 전라도, 경기도, 황해도, 평안도와 만주 각지에 조직을 갖는 1910년대 국내 최대의 독립군 단체로 성장했다. 박상진은 곳곳에 곡물상을 설립하고 연락 거점으로 삼아, 일제 타도를 추진하는 행동 강령으로 비밀, 폭동, 암살, 명령을 시달했다. 대한광복회는 이념에 있어서는 공화주의를, 방법에 있어서는 무장 혁명 노선을 표방했다. 친일 부호 처단을 여러 차례 계획하던 중 1917년 11월 채기중, 유창순, 임봉주, 강순필에게 칠곡 부호 장승원을 처단하게 했고, 1918년 1월 김한종, 장두환, 김경태, 임봉주에게 충청남도 아산 도고면장 박용하를 처단하게 했는데, 이때 대한광복회 조직이 드러나 많은 사람이 투옥되면서 함께 사형을 당했다. 1963년 건국훈장 독립장 수훈.

박영효
1861 ~ 1939
親日

정치가, 친일 반민족 행위자. 1872년 2월 철종의 딸 영혜옹주와 결혼해 부마가 됐다. 영혜옹주와는 3개월 만에 사별했지만 조정 요직에 임명됐다. 박규수, 오경석, 유홍기 등 개화사상가들의 영향을 받았고 김옥균, 서광범 등과 교유하며 함께 개화당을 형성했다. 1882년 8월 임오군란의 수습을 위해 제3차 수신사로 임명돼 일본으로 건너갔고, 일본을 둘러보며 일본 정치인들과 접촉했다. 이때 일본으로 가는 배에서 태극기를 처음으로 고안해 사용했다고 한다. 김옥균과 1884년 12월 갑신정변을 일으켜 전후영사 겸 좌포도대장을 맡아 병권을 장악했으나 위안스카이가 이끄는 청군의 개입으로 3일 만에 실패하고 일본으로 망명했다. 조선 정부는 압박하고 일본은 박대하자 1885년 미국으로 건너갔으나 얼마 후 다시 일본으로 돌아왔다. 1888년에는 고종에게 장문의 '개화 상소'를 올려 조선의 자주독립과 부국강병을 주장했고, 1893년에는 도쿄에 친린의숙이라는 사립학교를 세워 유학생들의 교육에 힘썼다. 1894년 2월 조선에서 건너온 이일직 등이 암살을 시도하나 미수에 그쳐 목숨을 건졌다. 같은 해, 동학농민운동에 이어 청일전쟁과 갑오개혁이 이어지자 일본의 주선으로 귀국해 제2차 김홍집 내각의 내부대신이 됐다. 이후 조선의 부국강병과 자신의 권력 기반을 공고히 하려 개혁을 적극적으로 추진하나 1895년 7월 역모를 기도했다는 혐의를 받고 다시 일본으로 망명한다. 1898년 독립협회와 제휴해 정계 복귀를 기도하지만 오히려 고종이 이를 구실로 독립협회를 해산시키는 바람에 실패하고, 1900년 7월에는 심복 이규완 등에 의화군 이강을 국왕으로 추대하는 정변을 지시하나 사전 발각되고 그해 11월 궐석재판에서 교수형을 선고받았다. 1907년 6월 일본의 지원으로 귀국하여 특별사면을 받고 7월에 궁내부대신으로 정계에 복귀하나 고종 강제 퇴위에 반대했다는 이유로 1년간 제주도로 유배된다. 1909년 6월 단군, 조선 태조, 일본 천황의 시조인 아마테라스 오미카미의 위패 봉안과 의식을 거행하는 친일 단체인 신궁봉경회 총재에 선임되고 국권이 피탈되자 일제로부터 후작 작위를 받았다. 이후 은사금 28만 원을 받고 각종 회사를 설립하여 경영하는 한편 친일 단체에 관여했다. 1921년 4월 중추원 친임관 대우 고문에 임명되어 5년간 재임하면서 매년 3,000원의 수당을 받았다. 1926년 3월 이완용 후임으로 칙임관 대우 부의장에 임명되어 1939년 타계할 때까지 연임하면서 매년 3,000원의 수당을 받았다. 1925년 7월 식민사관에 입각한 조선사 편수회 고문으로 임명되어 타계할 때까지 재임했다. 1932년 12월에는 조선인으로 첫 일본제국의회 귀족원 칙선의원에 임명돼 1939년 타계할 때까지 재임했다.

박용만

1881~1928

독립운동가. 1909년 네브래스카 주 카니 농장에서 독립운동과 인재 양성을 목적으로 한인소년병학교를 설립해 1912년 13명의 졸업생을 배출했다. 1912년 하와이로 건너가 대한인국민회 하와이 지방총회 신문인 〈신한국보〉 주필로 언론 활동을 했다. 또 항일 무장 독립운동 단체인 대조선국민군단을 조직해 군사훈련을 실시했다. 1917년 상하이의 신규식, 조소앙 등과 대동단결선언을 발표해 임시정부의 수립을 계획했고, 뉴욕에서 개최된 약소국동맹회에 참석해 조국 독립을 위한 외교 활동을 전개했다. 1919년 4월 서울 한성임시정부의 외무총장에 선출됐고, 그해 9월 상하이에서 각처의 임시정부를 통합해 대한민국임시정부로 개편할 때도 외무총장으로 선임됐다. 그러나 대통령인 이승만과 독립운동 방략에 있어 견해 차이가 컸기 때문에 부임하지 않았다. 5월 19일 하와이를 떠나 베이징에 도착해서는 신채호, 신숙 등과 군사 통일촉성회를 결성했다. 1923년 중국 상하이에서 국민대표 대회가 개최되자 임시정부 불신임 운동에 앞장섰다. 1928년 베이징에서 대본공사(大本公社) 사업을 추진하던 중 10월 17일 이해명의 권총 저격을 받고 피살됐다. 1995년 건국 훈장 대통령장 수훈.

박은식
1859~1925

학자, 언론인, 독립운동가. 이름 높은 성리학자로서 자신의 학문을 정립한 후인 1898년에 독립협회의 사상과 운동의 영향을 받아 성리학과 위정척사 사상에서 개화사상으로 전환하게 된다. 1898년에 독립협회에 가입해 회원이 됐다. 1904년 7월 양기탁과 베델 등은 〈대한매일신보〉를 창간하고, 박은식은 양기탁의 추천으로 이 신문의 주필을 지냈다. 1907년 4월 다수의 애국계몽운동가가 국권 회복을 위한 비밀결사로서 신민회를 창립하자, 이에 가입해 원로회원으로 교육과 출판 부문에서 활동했다. 신민회의 방침에 따라 서우학회와 한북흥학회가 통합해 1908년 1월 서북학회가 창립되자 박은식은 실질적으로 이 학회를 지도하고, 기관지 〈서북학회 월보〉의 주필로 적극 활동했다. 박은식은 대동사상과 양명학에 입각해 유교를 개혁하여 유림계와 유교 문화를 국권회복운동에 서게 하려 노력했다. 그의 애국계몽사상의 특징은 애국계몽운동을 의병운동과 연계 지을 것을 강조했다는 점이다. 한편 상하이에서 《안중근전》을 저술하고, 망명 후 꾸준히 집필하던 《한국통사》를 완성해 중국인 출판사에서 1915년에 간행했다. 《한국통사》는 간행 직후 중국, 노령, 미주의 한국인 동포뿐만 아니라 국내에도 비밀리에 대량 보급돼 민족적 자부심을 높여주고 독립투쟁 정신을 크게 고취했다. 일제는 이에 매우 당황해 1916년 조선반도사편찬위원회(1925년 조선사 편수회로 개칭)를 설치했다. 박은식은 1919년 3·1혁명을 블라디보스토크에서 맞이했다. 61세의 고령이었음에도 동지들과 대한국민노인동맹단을 조직해 취지서를 쓰고 지도자로서 활동했다. 대한국민노인동맹단은 강우규를 국내에 파견해 일제 총독 사이토에 대한 폭탄 투척 의거를 일으켰다. 또한 상하이에서 《한국독립운동지혈사》의 집필을 시작해 1920년 12월 간행했다. 《한국독립운동지혈사》는 1884년 갑신정변부터 1920년 독립군 항일 무장투쟁까지 한국 민족의 독립투쟁사를 3·1혁명 중심으로 서술해 한국 근대사 체계에 또 하나의 고전을 만든 역작이다. 의정원은 1925년 3월 21일 수년 동안 독립운동가들을 혼란시켜온 위임통치 청원과 기타 실정의 책임을 물어 '임시대통령 이승만 탄핵안'을 통과시키고, 뒤이어 1925년 3월 23일, 박은식을 대통령으로 선출했다. 1962년 건국훈장 대통령장 수훈.

박장호
1859~1921

의병장, 독립운동가. 1905년 을사조약이 체결되자 홍천에서 관동의병을 일으켰다. 국권피탈 후에는 만주로 건너가 이진룡, 조맹선 등과 계속 항전했다. 1919년 남만주 류허현 삼원보에서 독립운동 통합 단체인 대한독립단을 결성하고 도총재로서 독립군을 지휘하던 중 1921년 7월 일제의 앞잡이 김헌에게 암살당했다. 1962년 건국훈장 독립장 수훈.

박제순
1858~1916
親日

조선 말기 문신, 친일 반민족 행위자. 1883년 과거에 급제한 뒤 톈진으로 건너가 각종 통상 교섭과 관계된 사무를 보았으며, 1887년 귀국한 뒤 중앙 요직과 지방관을 두루 거쳤다. 아관파천 직후인 1896년 10월 외부대신을 맡아 1905년까지 수차례 외부대신과 농상공부대신을 지냈다. 농상공부대신으로 재임하던 1905년 8월 일본의 이권 침탈에 반대하며 사직했다가 얼마 후 다시 외부대신으로 임명됐다. 러일전쟁 후 일본이 을사조약을 추진하자 참정대신 한규설과 반대 입장을 표명하지만 결국 일본의 강압을 이기지 못하고 11월 일본 특명전권공사 하야시 곤스케와 을사조약을 체결해 을사오적에 이름을 올렸다. 을사조약 체결 후 의정부 참정대신으로 친일 내각 수반이 됐고 여러 친일 단체에 관여했다. 을사조약에 반대하는 여론이 높아지고 친일 내각이 총사퇴할 때 함께 사퇴하는데, 바로 중추원 고문에 임명되고 1909년 2월 다시 내부대신이 됐으며, 11월 이토 히로부미 장례식 때 장충단에서 관민 추도회를 주도했다. 1909년 12월에는 내각총리대신 서리에 임명됐다. 1910년 6월 총리대신 서리로 경찰권을 일본에 이양하는 기유각서를 체결했고, 8월에는 내부대신으로 한일병합조약을 체결했다. 그 대가로 1910년 10월 일본 정부로부터 자작 작위를 받고 조선총독 자문기구인 중추원 고문에 임명됐으며 1911년 1월 은사 공채 10만 원을 받았다. 이후로도 〈매일신보〉를 통해 천황에게 충성을 맹세하는 등 친일 행각을 벌였다.

서광범
1859~1897

조선 말기 관료, 정치가. 박규수, 오경석, 유홍기 아래서 공부했고 1879년경 함께 수학한 김옥균, 박영효 등과 개화당을 조직했다. 1884년 12월 김옥균, 박영효, 홍영식 등과 갑신정변을 일으키지만 성공하지 못하고 일본으로 망명했다. 1894년 조선 정부가 갑오개혁을 추진하자 제2차 김홍집 내각에서 법부대신을 맡아 사법 근대화에 노력을 기울였다.

서상일
1887~1962

정치가, 독립운동가. 1909년 비밀 청년 단체인 대동청년당을 조직해 국권회복운동을 전개했다. 1913년 광복단 조직에 함께해 군자금 모집 사업을 했으며, 1915년 조선국권회복단에서 활동했다. 1919년 대구에서 3·1혁명에 참가했으며, 1920년 만주에서 무기를 반입해 일제 관서를 습격할 계획을 세우다가 일본 경찰에 붙잡혀 투옥됐다. 1924년 〈농림〉과 〈민중운동〉이라는 잡지를 발행하고, 흑우회 계통의 독립운동을 지원했다. 1945년 광복 후 송진우, 장덕수 등과 한국민주당을 창립하고, 1948년 제헌국회 국회의원으로 당선됐다. 1950년대에는 사회민주주의 정당 활동을 벌었다. 1956년 진보당 창당에 참가해 간부로 활동하고, 1960년 사회대중당을 창당했다. 1960년 제5대 민의원으로 당선되나 신병으로 큰 활동을 하지 못했다. 1961년 사회대중당이 분열되자 재야 혁신 세력을 정비, 결집해 통일대중당을 발기하지만 5·16군사정변으로 무산된다. 1990년 건국훈장 애족장 수훈.

서일
1881~1921

종교가, 독립운동가. 1911년 의병의 잔류 병력을 규합해 중광단을 조직하고 단장에 취임했다. 교육에도 뜻을 두어 간도 지방에 명동중학교를 설립하고 교육 사업에 종사했다. 1918년 여준, 유동열, 김동삼, 김좌진 등과 무오독립선언을 발표함으로써 만주에서의 독립운동에 활기를 불어넣었고, 이듬해 중광단을 토대로 군사적 행동을 수행하기 위해 계화 등과 정의단을 조직했다. 1919년에는 북로군정서 총재에 취임했다. 또한 왕청현 십리평에 사관 양성소를 세워 중견 사관을 길러내고, 각지에 야간 강습소와 소학교를 설립해 육영사업에도 힘을 기울였다. 1920년 김좌진과 함께 청산리전투에서 일본 정규군을 크게 무찔렀고 병력을 북만주 미산현으로 이동시켰다. 이듬해 일본군의 만주 출병에 따라 미산현으로 들어온 안무의 국민회군, 최진동의 도독부군 및 의군부, 광복단 등 여러 독립군단을 통합해 대한독립군단을 조직하고 총재가 됐다. 1962년 건국훈장 독립장 수훈.

서재필
1864~1951

정치가, 독립운동가. 미국 귀화명은 필립 제이슨(Philip Jaisohn). 임오군란 이후 국방 근대화의 시급함을 절감하고, 1883년 일본 도야마육군학교에 들어갔다. 이듬해 귀국하여 조련국을 만들고 사관장이 됐다. 1884년 12월 김옥균 등과 갑신정변에 적극적으로 참가했고, 이후 갑신정변으로 성립된 신정부의 병조 참판을 맡았다. 정변이 3일 천하로 실패하자 일본으로 망명했는데, 일본이 망명객들을 냉대하자 1885년 4월 미국으로 다시 망명했다. 낮에는 노동을 하고 밤에는 공부를 하면서 컬럼비아 의과대학 야간부(현 조지워싱턴 의과대학)에 진학했고, 1893년 졸업한 뒤에는 학교의 병리학 강사가 됐다. 다음 해 미국 철도 우편 사업의 창설자 암스트롱의 딸과 결혼을 하고, 그 무렵 워싱턴에서 병원을 개업했다. 1894년 갑오개혁이 진행되고, 동시에 갑신정변을 일으킨 급진개화파에게 내려진 역적의 죄명이 사라지자 박영효는 서재필에게 귀국을 종용하고, 이에 서재필은 1895년 12월 말 귀국한다. 이후 정부로부터 4,400원의 재정 지원을 받고 1896년 4월 7일 〈독립신문〉을 창간한다. 뒤를 이어 개화 세력과 함께 1896년 7월 2일 독립협회를 창설하고 고문이 됐다. 하지만 수구파 정부를 비판하고 열강의 이권 침탈을 정면으로 비판하자 다시 미국으로 추방됐다. 그러나 1919년 3·1혁명이 일어나자 전 재산을 정리해 독립운동 자금으로 내놓았고, 우리나라 독립을 세계 여론에 호소하고 일본 제국주의를 규탄하는 한편 한인 친우회를 조직해 재미 교포를 결속하고 미국인 친우들을 모아 독립운동 후원회를 만들었다. 상하이임시정부 구미위원회 위원장 자격으로 필라델피아에 구미위원회 사무실을 설치하고 영자 독립신문 〈인디펜던트(The Independent)〉를 간행했으며, 1922년 워싱턴에서 군축회의가 개최되자 우리나라 370여 단체의 서명을 받은 연판장을 제출했다. 1945년 광복 이후, 미 군정 장관의 요청으로 1947년 미 군정청 최고 정무관이 되어 귀국하지만 1948년 8월 15일 대한민국 정부 수립이 선포되고 미 군정이 종식되자 다시 미국으로 돌아가 그곳에서 숨졌다. 1977년 건국훈장 대한민국장 수훈.

손병희
1861~1922

독립운동가. 충청도 청주목에서 세금 징수를 담당하는 향리의 아들로 태어났다. 1882년 조카 손천민의 권유로 동학에 입도했는데, 이는 모든 사람이 평등하다는 동학의 교리 때문이었다. 3년 뒤 최시형을 만나 그의 수제자가 됐다. 1894년 동학농민운동 때는 북접 소속으로서 남접의 전봉준과 함께 관군에 맞서 싸웠다. 관군의 추격을 피해 원산 및 관서 지방으로 피신한 손병희는 동학농민혁명 실패로 무너진 동학의 재건과 포교 활동에 큰 공을 세움으로써 1897년 정신적 스승이었던 최시형의 뒤를 이어 제3대 교주가 된다. 한편 관에 자수한 최시형은 이듬해 혹세무민했다는 죄목으로 처형당한다. 이후 손병희는 동학운동의 지도자만이 아닌 근대화운동의 지도자로서의 면모를 보인다. 독립협회 인사 등 개화파 인물들과 만나 일부는 동학에 입교시켰고, 이들로부터 개화사상을 받아들였다. 1901년 일본으로 망명해 같은 망명자 신분이었던 오세창, 권동진, 박영효, 조희연 등 개화파 전직 관료와 교류하였으며, 상하이와 메이지유신(1867년) 이후 개혁의 바람이 불고 있던 도쿄 등을 돌아보면서 인재 양성이 시급함을 깨달았다. 이에 따라 1903년부터 24명의 똑똑한 청년들을 선발하여 일본에 유학을 시킨다. 망명 중에는 신문 기고 등으로 내정개혁론과 근대화론을 설파하다가 1904년 갑진개화운동을 일으켜 권동진, 오세창과 더불어 진보회를 조직했다. 회원들에게 머리를 자르고 개화복을 입을 것을 명하는 등 개화운동 확산을 위한 단체였다. 1905년에는 동학을 천도교로 개칭하고 1906년 일본에서 귀국했다. 동학교도 즉, 천도교 신도라면 무조건 잡아갈 정도로 천도교를 극심히 탄압하던 대한제국이 외세의 간섭으로 무기력해진 상황이 되었기 때문이었다. 또한 천도교 내부에서는 일진회의 송병준, 이용구와 기타 세력 간의 반목이 심해졌다. 손병희는 친일 조직인 일진회 인물들에게 출교 처분을 내림으로써 이들과 결별한다. 귀국 후에는 교령 자리를 박인호에게 승계하고 보성전문학교와 동덕여학단을 인수하는 등 교육 사업과 출판 사업에 관심을 쏟다가, 1919년 민족대표 33인 중 한 명으로 3·1혁명을 주도했다. 기미독립선언서 낭독 후 일본 경찰에 체포되어 징역 3년 형을 선고받았다. 1962년 건국훈장 대한민국장 수훈.

송병준
1858~1925
親日

조선 말기 무신, 친일 반민족 행위자. 1871년 무과에 급제했다. 1882년 임오군란과 1884년 갑신정변으로 가산이 불타는 피해를 입었다. 1886년 일본 망명 중인 김옥균의 암살 임무를 가지고 일본으로 건너갔으나 도리어 그의 사상에 영향받아 동지가 됐다. 1886년 귀국 후 김옥균과 공모한 혐의로 체포됐다가 한때 자신을 후원해주었던 민영환의 주선으로 풀려나고, 일본으로 건너가 사업을 시작했다. 1904년 러일전쟁이 일어나자 일본 육군 소장 오타니 기쿠조의 군사 통역으로 귀국했다. 1904년 8월 18일 윤시병, 유학주 등과 유신회(이후 일진회로 개칭)를 만들고, 12월 동학 조직인 진보회와 합병해 전국 최대 규모의 정치결사를 조직했다. 1905년 11월 을사조약이 체결되기 10여 일 전에 이용구와 함께 일본으로 건너가 외교권 이양을 주장하는 보호청원선언서를 발표했으며, 1907년에는 이완용 내각이 수립되자 농상공부대신 겸 광산 사무국 총재로 임명됐다. 6월에 헤이그 특사 사건이 일어나자 이용구와 함께 고종의 강제 퇴위를 강요했고, 다음 달에는 정미칠조약 체결에 앞장섰다. 1909년 일진회 총재로서 일본 수상 가쓰라 다로를 만나 조선을 일본에 넘겨주는 대가로 1억 엔을 요구하는 한편, 일본 내각에 한일 병합을 요구하고, 일진회 회장 이용구와 협의해 '정합방 상주문'을 순종과 이완용 내각 및 통감부에 제출했으며, '국민 이천만 동포에게 서고(誓告)'라는 성명서를 발표해 병합 여론을 조성했다. 국권피탈 후 한일 병합에 앞장선 대가로 일본으로부터 자작 작위를 받고 조선 총독 자문 기구인 중추원 고문에 임명되어 1911년 8월까지 1,600원의 수당을 받았다. 이후에도 각종 친일 단체에 관여했고 사업가로도 활동했다.

신규식
1880 ~ 1922

대종교인, 독립운동가. 을사조약 강제 체결 소식을 듣고 지방 진위대와 연락해 거사를 계획하다 실패한 뒤 음독자살을 기도했다. 대한자강회와 대한협회 등 애국 계몽 단체에 참가했고, 중동학교, 청동학교, 문동학교 등의 교육기관을 설립했다. 1909년에는 대종교를 믿고 광산 경영도 했다. 1911년 중국 상하이로 망명했고, 쑨원이 이끄는 동맹회에 한국인으로서는 처음 가맹해 10월의 무창의거에 참가하고 신해혁명에 공헌했다. 1912년에는 상하이의 교민이 늘어나자 독립운동을 위한 교민 단체로 동제사를 조직해 이사장이 됐고, 1913년 상하이 프랑스 조계에 박달학원을 설립했다. 1918년 제1차 세계대전 종전에 앞서 미국 대통령 윌슨이 14개조의 민족자결주의를 발표하자, 만주 및 각지의 독립운동가와 연락하여 지린에서 독립선언을 하게 했다. 신한청년당을 조직했고, 1919년 3개 정부를 통합해 대한민국임시정부가 수립되자 11월 법무총장에 취임했다. 이듬해 대통령 이승만이 미국으로 돌아가자 국무총리 대리를 겸임했고, 1921년에는 외무총장도 겸했다. 1962년 건국훈장 대통령장 수훈.

신석우
1894 ~ 1953

언론인, 독립운동가. 일본 와세다대학 전문부를 졸업하고 1919년 임시정부 교통총장을 지냈다. 1924년 귀국해 경영난을 겪고 있던 〈조선일보〉를 송병준에게서 8만 5,000원에 인수해 신문의 면목을 일신했다. 사장에는 이상재를 추대하고 자신은 부사장을 맡았다가 1927년 이상재가 별세하자 사장에 취임했다. 신간회가 창립될 때 간부직을 맡았다. 1929년부터 시작한 귀향남녀학생 문자보급운동은 일제강점기에 신문사가 벌인 성공적 민중운동으로 기록돼 있다. 8·15광복 후 1949년부터는 주중국 대사를 지내기도 했다.

신응희
1859~1928
[親日]

조선 말기 무신, 친일 반민족 행위자. 1884년 12월 갑신정변 당시 박영효의 심복으로 활동했고, 1895년 10월 을미사변 때는 조선인 행동대로 가담했다. 1907년 7월 군대해산을 지휘했고, 1909년 8월 일본군의 남한 대토벌 작전을 적극 지원했다. 국권 피탈 후 여러 지역의 지방 장관직을 역임했고, 특히 1919년 4월 황해도 장관으로 있으면서 3·1혁명 참가자를 탄압하겠다는 경고문을 발표한 후, 3·1혁명 참가자를 색출하는 자제단을 조직했다.

신채호
1880~1936

역사가, 언론인, 독립운동가. 독립협회에 참여해 소장파로 활약했다. 《독사신론》, 《이태리건국삼걸전》과 《을지문덕》을 발행했는데, 글에서 단군, 부여, 고구려 중심의 주체적인 민족주의 사관을 나타냈다. 이 무렵 집필한 《동국거걸 최도통전》과 《이순신전》 등은 한말의 민족적 위기를 타개할 영웅의 출현을 대망하면서 썼던 것으로 영웅사관을 일정하게 보여준다. 한말 애국계몽운동에 힘쓰던 신채호는 28세 무렵, 양기탁, 이동녕, 이회영, 이동휘, 안창호, 전덕기, 이갑, 이승훈 등과 더불어 항일 비밀결사인 신민회 조직에 참여했다. 국채보상운동에도 참여했고, 논설을 통해 적극 지원했다. 30세 되던 해에는 윤치호, 안창호, 최광옥, 최남선, 박중화, 장응진 등과 신민회의 방계 조직인 청년학우회를 발기하고 취지서를 집필했다. 1919년 베이징에서 대한독립청년단을 조직, 단장이 됐고, 그해 4월 상하이임시정부 수립에 참여, 임시의정원 의원이 됐으며, 한성정부에서는 평정관에 선임됐다. 7월에는 전원위원회 위원장 겸 의정원 의원에 선출되나 이승만의 노선에 반대해 사임했다. 한편 임시정부 기관지 〈독립신문〉에 맞서 〈신대한〉을 창간, 주필로서 적극적인 독립 노선을 주창했다. 1922년에는 의열단장 김원봉의 초청을 받아 상하이에 갔고, 이듬해 초 조선혁명선언으로 불리는 의열단선언을 집필, 발표했다. 1월 초에는 상하이에서 개최된 국민대표회의에서 창조파의 맹장으로 활약했다. 그러나 개조파와의 대립으로 5월 회의가 결렬되자, 베이징으로 돌아와 한국 고대사 연구에 전념했다. 1928년 4월 무정부주의 동방연맹 대회에 참석해 활동하는 등 점점 행동투쟁에 나섰던 신채호는, 5월 타이완에서 외국 위체 위조 사건의 연루자로 체포되어 다롄으로 이송됐고, 1930년 5월 다롄지방법원에서 10년 형을 선고받아 뤼순 감옥으로 이감, 복역하던 중 뇌일혈로 순국했다. 1962년 건국훈장 대통령장 수훈.

신흥우
1883~1959
親日

종교인, 사회운동가, 정치가, 친일 반민족 행위자. 1896년 서재필 등과 협성회를 조직했다. 1908년 3월 친일 외교관인 미국인 스티븐슨을 저격한 일로 재판을 받은 장인환, 전명운의 변호사 통역을 맡았다. 중일전쟁 이후 '기독교의 토착화', '내지 동양화'라는 미명 아래 본격적으로 친일 행위에 가담했다.

안경근
1896~1978

독립운동가. 안중근의 사촌 동생이다. 대한민국임시정부에서 경무국장 김구를 보좌했다. 1923년 쓰촨군관학교에 입학해 훈련을 받았고, 1925년 윈난사관학교를 졸업했다. 이후 만주로 건너가 정의부 군사부 위원 겸 사령장 김창환의 참모로 활약했고, 1930년 황푸군관학교 구대장으로 활약했다. 1940년대에는 임시의정원 의원을 지냈다. 1977년 건국훈장 독립장 수훈.

안공근
1889~?

독립운동가. 안중근의 동생이다. 김구 등과 대한민국임시정부의 유지, 발전에 기여했다. 1936년 상임 국무위원, 1937년부터 1940년까지 의정원 황해도의원 등으로 활동했다. 1995년 건국훈장 독립장 수훈.

안명근
1879~1927

독립운동가. 안중근의 사촌 동생. 1909년 10월 안중근이 이토 히로부미를 사살한 것에 고무되어 황해도 일대 부호들에게서 군자금을 모집하다가 신천의 민병찬, 민영설 등의 밀고로 체포되고, 이후 동지들도 붙잡힌다(안악사건). 일제는 이를 신민회와 연관시키기 위해 총독 데라우치 암살미수 사건, 즉 105인사건을 날조하고 이들을 여기에 연루시켰다. 1962년 건국훈장 독립장 수훈.

안봉생
1908~?

독립운동가. 안중근의 조카. 1927년 9월 만주에서 김좌진과 독립운동을 위해 청년들을 모집하고 교육시키다가 1933년 상하이로 건너가 당숙 안경근의 지시로 동생 안춘생과 같이 중앙군관학교에서 조완구, 차이석, 엄항섭 등 임시정부 요인들을 보좌했다. 다시 만주로 건너가 활동하다가 1935년 12월 밀정 정준수의 밀고로 4개월간 투옥됐고, 8·15광복 이후 귀국했다. 1990년 건국훈장 애국장 수훈.

안원규
?~1947

독립운동가. 1900년대 초 하와이로 이주했고, 1933년 대한인국민회 하와이 지방총회가 조직되자 부회장, 총회장 등으로 활동했다. 1944년 대한민국임시정부의 주미외교위원회 위원 등으로 한국의 독립을 위해 활동했다. 1995년 건국훈장 독립장 수훈.

안재홍
1891~1965

역사학자, 정치가. 와세다대학 정경학부를 졸업했다. 1919년 3·1혁명을 지도하는 한편, 상하이임시정부의 연통부 역할을 수행하다 붙잡혀 3년간 옥고를 치렀다. 1923년 〈시대일보〉 창간에 참여해 이사와 논설위원을 지내고, 1924년 〈조선일보〉 주필을 거쳐 부사장, 사장을 역임하며 10년 동안 언론인 생활을 했다. 1927년 신간회 총무 간사로 활약하다 잡혀 8개월 동안 투옥됐다. 1929년 생활개선운동, 귀향 학생 문자보급운동을 벌이면서 광주학생사건 진상 보고를 위한 민중대회를 주관했다. 이후 정약용의 저술을 정리한 문집 《여유당전집》을 간행하는 등 조선 실학 연구에 몰두했다. 1936년 임시정부와의 관계가 탄로 나 2년 동안 복역하고, 1942년에는 조선어학회사건으로 다시 2년 동안 옥고를 치렀다. 1945년 8·15광복과 동시에 생겨난 조선건국준비위원회의 부위원장이 되었는데, 이 위원회에서 좌파가 주도권을 잡자 같은 해 9월 독자적으로 국민당을 결성, 당수가 됐다. 이후 한국독립당 중앙위원, 신탁통치반대 국민총동원위원회 부위원장으로 활동했고, 10월 23일에 열린 독립촉성 중앙협의회 결성대회에 참석해 이승만을 회장으로 추대했다. 1947년 과도입법의원 의원이 되고, 미 군정청 민정장관이 되어 한인 체계에 의한 행정 기반을 굳혔다. 정부 수립 후 평택에서 무소속으로 제2대 국회의원에 당선됐으나, 1950년 9월 21일 납북되었다. 1989년 건국훈장 대통령장 수훈.

안정근
1885~1949

독립운동가. 안중근의 동생이다. 1918년 무오독립선언서에 서명했다. 같은 해, 상하이 신한청년당의 이사가 됐다. 1921년 왕덕삼과 함께 대한민국임시정부 특사 자격으로 대한국민회와 북로군정서의 통일을 조정하고, 중로연합선전부를 조직했다. 1922년 상하이에서 중한호조사를 설립하고, 〈독립신문〉을 발행했으며 그해 임시의정원 의원에 선출됐다. 1987년 건국훈장 독립장 수훈.

안중근
1879~1910

독립운동가. 1909년 3월 2일, 12명의 동지와 비밀결사 단지회(단지동맹)를 조직하고, 우덕순, 조도선, 유동하와 거사를 준비해 1909년 10월 26일, 하얼빈에서 권총으로 이토 히로부미를 저격하는 데 성공했다. 대한의군 참모중장으로서 당당히 재판에 임했으며 1910년 3월 26일 오전 10시, 뤼순 감옥 형장에서 순국했다. 1962년 건국훈장 대한민국장 수훈.

안창호
1878~1938

교육가, 독립운동가. 대동강 하류 도롱섬에서 태어났다. 1895년 청일전쟁을 통해 실력 양성의 필요성을 깨달아 언더우드가 경영하는 구세학당에서 서구 문물을 배우고 기독교에 입교했다. 1897년 독립협회에 가입해 서당 선배 필대은과 관서지부 조직을 맡아

명성을 떨쳤고 1898년 서울 종로에서 이상재, 윤치호, 이승만 등과 만민공동회를 개최
했으며, 1899년에는 강서군 동진면 화암리에 강서 지방 최초의 근대 학교인 점진학교
를 세웠다. 1902년 샌프란시스코로 건너가 1905년 4월 대한인공립협회를 설립하고
〈공립신보〉를 발행했다. 을사조약 체결 소식을 듣고 이듬해 귀국하여 1907년에 양기
탁, 신채호 등과 비밀결사인 신민회를 조직하고 기관지 〈대한매일신보〉를 발행하며
애국계몽운동을 펼쳤다. 1909년 안중근이 이토 히로부미를 저격하자 관련자라는 혐
의로 3개월간 구금됐고, 1910년 중국으로 건너갔다가 시베리아를 거쳐 1911년 미국
으로 망명했다. 1913년 5월 샌프란시스코에서 흥사단을 창설했고, 1914년 11월 대한
인국민회 중앙총회장에 선출됐다. 1919년 3·1혁명 직후에는 상하이로 건너가 임시
정부 내무총장 겸 국무총리 대리직을 맡아 임시정부를 이끌었다. 하지만 1921년 임시
정부가 분열되자 국민대표회의 소집을 주장했고, 국민대표회의가 결렬되자 1924년,
북중국과 만주 방면을 돌아보고 다시 미국으로 건너가 대한인국민회와 흥사단 경영
에 주력했다. 1926년에는 만주 지린성 일대를 답사해 이상촌 사업을 추진했다. 1930
년 1월에는 상하이에서 이동녕, 이시영, 김구 등과 한국독립당을 결성하고 대공주의
를 제창했으며, 1931년 만주사변이 일어나자 만주에서의 이상촌 계획을 단념하고 난
징에 토지를 매입했다. 1932년 4월 윤봉길의 상하이 홍커우공원 의거가 일어나자 일
본 경찰에 체포돼 서대문 형무소와 대전 형무소에서 복역하다가 1935년, 2년 6개월
만에 가석방돼서는 평안남도 대보산 송태산장에 은거했다. 1937년 6월 동우회사건
으로 흥사단 동지들과 다시 수감됐고, 12월 병보석으로 출감하나 1938년 3월, 간
경화증으로 경성대부속병원에서 운명한다. 1962년 건국훈장 대한민국장 수훈.

안태국
?~1920

독립운동가. 평양 출신으로 을사조약 직후부터 평양에서 실업구국운동에 뛰어들었
다가 1907년 신민회 창립 당시 평안남도 총감이 됐고, 1909년 신민회 사업으로 평양
에 태극서관을 설립했다. 1910년에는 신민회의 독립군 기지 건설 사업을 위해 평안
남도 대표로서 군자금과 이주민 모집을 수행했다. 1910년 안악사건으로 체포돼 징역
2년 형을 언도받았고, 다시 데라우치 암살 음모 사건으로 복역 중 재기소되어 징역
10년 형을 언도받으나 재판 과정에서 데라우치 암살 음모 사건이 날조되었음을 물증
까지 제시하며 논리적으로 저항해 일제를 당황시켰다. 그 결과 1913년 7월 공소심에
서 징역 6년 형을 받았으며 5년을 복역했다. 1916년 출옥 후 만주로 건너가 독립운
동을 벌였다. 1919년 3·1혁명 후 독립운동 단체 통합을 논의하기 위해 상하이로
건너갔다가 병사했다. 1962년 건국훈장 독립장 수훈.

안희제
1885~1943

독립운동가. 호는 백산. 여러 동지와 대동청년당을 조직하고, 부산에서 백산상회를 경영하면서 독립운동 거점 역할을 수행했다. 1919년 백산상회를 백산무역주식회사로 확대 개편해 상하이임시정부의 독립운동을 위한 자금 조달 기관으로 활동하게 했다. 1925년에는 운영난에 빠진 〈중외일보〉를 인수해 〈중앙일보〉로 개칭하고 사장이 되어 일본의 총독정치를 맹렬히 비난했다. 그 뒤 다시 만주로 건너가 1931년 대종교에 입교하고, 1933년 발해의 옛 수도인 동경성에 발해농장을 세워 교포들의 생활 안정과 청소년 교육에 힘썼다. 대종교를 신봉해서 민족 고유의 종교를 통한 민족정신 고취에 힘썼으나, 1942년 11월 일제가 대종교를 독립운동 조직으로 간주해 만주와 국내에서 윤세복 이하 대종교 지도자 21명을 일거에 체포한 임오교변이 일어났을 때 안희제도 투옥됐다. 대종교의 독립운동에 대한 혐의로 잔혹한 고문을 받다가 9개월 만에 병보석으로 풀려났으나 이듬해 순국했다. 1962년 건국훈장 독립장 수훈.

양기탁
1871~1938

언론인, 독립운동가. 1896년 독립협회에 가입해 1898년 만민공동회 간부로 활약했다. 1902년 이상재, 민영환, 이준 등과 개혁당 조직 운동을 함께하고, 1904년 일본의 황무지 개간권을 저지하기 위한 보안회운동에 참가했으며, 보안회가 일제의 방해로 해산되자 새로 대한협동회를 조직했다. 같은 해 7월 18일 영국인 기자 베델과 〈대한매일신보〉를 국한문 혼용체로 발행했고, 1905년 8월 영문판으로 〈코리아 데일리 뉴스(Korea Daily News)〉를 발행했다. 1905년 11월 을사조약이 체결되자, 이를 격렬히 비판하는 사설을 쓰고 장지연이 〈황성신문〉에 기고한 '시일야방성대곡'을 게재하는가 하면, 이를 영어로 번역하고 〈코리아 데일리 뉴스〉를 통해 해외에 알렸다. 이후 일제에 의해 국채 보상금 횡령이라는 누명을 쓰고 구속되나 베델이 공소사실 허위 조작에 대한 증거를 제시해 무죄 석방된다. 1907년 안창호가 미국에서 돌아오자 전덕기, 이회영, 이동휘 등과 비밀결사 신민회를 조직하고 국권회복운동을 전개했다. 군자금을 모집하던 안명근이 체포되자 관련자로 지목돼 구금되고, 105인사건으로 실형을 받고 복역하다가 1915년 2월 석방됐다. 이듬해 만주로 건너가 독립운동을 벌이다 텐진에서 다시 일제에 체포돼 2년간 유배 생활을 했다. 1920년 〈동아일보〉가 창간될 때 고문으로 추대됐고, 독립운동을 펼치기 위해 통천교라는 종교를 창교했다. 1921년에는 미국 의원단 36명이 내한했을 때 독립 진정서를 제출했다가 다시 투옥되고, 이후 어머니의 별세로 가출옥한 후 만주로 탈출해 1923년 의성단을 조직하고 의열투쟁을 지휘했다. 1925년 1월 오동진, 김동삼 등과 독립군 통합 단체인 정의부를 조직하고, 1930년에는 상하이임시정부로 건너가 임시정부 국무령에 추대되나 거절하고, 1934년 국무위원회에서 주석으로 선출된다. 1935년 중국 관내에서 독립운동 단체 통합 운동이 일어나 김원봉을 중심으로 조선민족혁명당이 조직되자, 김규식, 조소앙 등과 참여했다. 1938년 창쑤성에서 운명했다. 1962년 건국훈장 대통령장 수훈.

어담
1881~1943

대한제국 시기 무관, 친일 반민족 행위자. 1899년 일본 육군사관학교를 졸업하고 1900년 육군 포병 참위로 임관됐으며, 1905년 고종의 시종무관이 됐다. 국권이 강탈된 1910년 이후에는 일제조선군사령부 소속으로 근무하며 1930년 일본 육군 중장으로까지 승진했고, 1934년 중추원 참의가 됐다.

여운형
1886~1947

정치가, 독립운동가. 호는 몽양. 1907년 경기도 양평에 국채보상운동 지회를 설립했으며 기호학회 평의원으로 활동했다. 1919년 재일 유학생 2·8 독립선언과 3·1혁명에 관여하고, 김규식을 상하이로 초빙해 파리강화회의 한국 대표로 결정했다. 1919년 상하이임시정부 수립에 힘썼으며 임시의정원 의원과 외무부 차장으로 활동했고, 일본을 방문해 일제 고위 관리들과 여러 차례 회담하면서 일제의 자치제 제안을 반박하고 즉시 독립을 주장했다. 1920년, 사회주의 계열의 상하이파 고려공산당에 가입하고, 이후 이르쿠츠크 고려공산당에 가입했으며, 1922년 모스크바에서 열린 극동피압박민족대회에 참석했다. 1923년에는 임시정부의 진로를 비롯한 독립운동의 방안을 논의하기 위한 국민대표회의에 참석해 임시정부의 개조를 주장했고, 1925년에는 쑨원의 권유로 중국국민당에 가입하고 중국 혁명운동에 참여했다. 1926년 중국 혁명운동이 실패한 후 독립운동을 하다가 1929년 상하이에서 일제 경찰에 체포되어 징역 3년을 선고받고 1932년 출옥했다. 1933년 조선중앙일보사 사장직에 취임했고, 1934년에는 조선체육회 회장직을 맡았다. 1936년 베를린올림픽 마라톤에서 우승한 손기정 선수의 일장기 말소 사건으로 신문이 폐간돼 사장직에서 물러났고, 1942년 치안유지법 등의 혐의로 구속되어 징역 1년에 집행유예 3년을 선고받았다. 1944년 8월에는 일제의 패전을 예상하고 독립운동과 국가 건설을 위한 조선건국동맹을 조직해 위원장으로 활동했고, 이를 전국적으로 확대하여 농민동맹, 부인동맹 등을 조직했으며, 옌안의 독립동맹과 제휴해 연합작전을 모색하기도 했다. 1945년 해방이 되자 건국 준비를 위해 조선건국준비위원회 결성을 주도하고 위원장으로 활동했으며 11월에는 조선건국동맹을 모태로 조선인민당을 결성해 당수직을 맡았고, 미 군정 장관의 고문을 맡기도 했다. 1946년 2월에는 북한을 방문해 조만식, 김일성과 미소공동위원회의 대처 문제 등을 논의했다. 좌파 세력의 연합 단체인 민주주의민족전선 공동의 장으로 선출돼 활동했으며, 5월 미소공동위원회가 휴회된 후에는 김규식 등과 좌우합작, 민족 통일에 기반을 둔 미소공동위원회 재개와 성공을 목표로 좌우합작운동을 전개했다. 1947년 1월, 우파 세력의 반탁운동과 좌파 세력의 편협성을 비판하는 담화를 발표하고, 3월에 신당 결성을 위한 준비 활동에 착수하여 5월, 근로인민당을 창당하고 위원장을 맡아 활동했다. 김규식, 김창숙과 함께 통일적 임시정부 수립의 필요성을 역설하며 민족통일전선운동을 펼치는 등 통일정부 수립을 위해 노력하다 이를 반대하는 세력에게 십여 차례 테러를 당했다. 1947년 7월 19일, 서울 혜화동 로터리에서 한지근에게 저격당해 사망했다. 2005년 건국훈장 대통령장, 2008년 건국훈장 대한민국장 수훈.

여준
1862~1932

독립운동가. 정주 오산학교에서 교사로 재직하다가 북간도 룽징으로 건너가 이상설과 서전서숙을 설립했고, 1907년 헤이그 특사로 파견된 이준과 이상설을 만나게 했다. 1912년 부민단을 조직했고, 1913년부터 신흥학교 교장을 맡았다. 1919년 서로군정서를 설립, 부독판에 임명됐으며, 1930년 김구와 함께 한국독립당을 결성했다. 1968년 건국훈장 독립장 수훈.

오기호
1863~1916

독립운동가. 1905년 나인영과 함께 을사오적을 처단할 결심을 하고, 김동필, 김인식, 이용태 등의 협조를 얻어 오적 암살 계획을 세우나 실패한다. 이후 다시 오적 암살을 모의하나 계획이 탄로 나 동지들이 모두 검거됐다. 김인식, 나인영과 자진 출두해 5년 유배형을 받고 지도로 귀양을 갔다. 그 뒤 나인영과 민족종교인 대종교를 창도해 민족 독립운동에 헌신했다. 1962년 건국훈장 독립장 수훈.

유길준
1856~1914

개화사상가, 정치가. 1870년 박규수 문하에서 김옥균, 박영효 등 개화 청년들과 공부했다. 1881년 박규수의 권유로 어윤중의 수행원으로서 신사유람단에 참가했고, 일본의 문명개화론자 후쿠자와 유키치가 경영하는 게이오의숙에 입학해 우리나라 최초의 일본 유학생이 됐다. 1882년 임오군란이 일어나자 1883년 1월 귀국해 〈한성순보〉

발간 사업의 실무 책임을 맡았고, 7월에는 보빙사 민영익의 수행원으로 미국에 갔다. 1884년 더머아카데미에 입학해 우리나라 최초의 미국 유학생이 되지만 1884년 갑신정변이 실패하자 학업을 중단하고 유럽 각국을 거쳐 1885년 12월 귀국한다. 귀국 직후 갑신정변의 주모자인 김옥균, 박영효 등과의 친분 관계를 이유로 체포된다. 한규설의 도움으로 1892년까지 취운정에서《서유견문》을 집필해 1895년 출판하고, 1894년에는 김홍집 내각에 참여해 갑오개혁의 이론적 기초를 제공하면서 개혁을 주도했다. 1895년 10월 을미사변 후 일본 공사 이노우에와 접촉하고 내부대신으로서 단발령을 강행해 국민들의 지탄을 받았다. 1896년 2월 아관파천으로 친일 내각이 붕괴되자 일본으로 망명했다. 1907년 고종 폐위 후 귀국해 학교 등을 설립하며 국민 계몽에 주력하고, 각종 회사를 설립해 민족 산업의 발전에도 힘을 쏟았다. 일진회의 한일합방론에 정면으로 반대했고, 국권피탈 후 일제가 남작 작위를 수여했으나 거부했다.

유동열
1879 ~ ?

군인, 정치가, 독립운동가. 1894년 일본으로 건너가 세이조학교를 거쳐 1903년 일본 육군사관학교를 졸업했다. 1904년 러일전쟁 때 대한제국 파견 무관 자격으로 일본군에 종군하여 선천 부근에서 러시아군과 싸우기도 했다. 1907년 8월 대한제국 군대가 강제해산되자 지하운동에 가담하기 시작했다. 이때 안창호 등이 주도한 신민회의 반일운동에 참여했으며, 서북학회를 통해 계몽운동도 전개했다. 1909년 안중근이 이토 히로부미를 처단한 사건과 관련하여 배후 인물로 지목돼 일본 헌병대에 체포되나 무혐의로 석방된다. 1911년 105인사건에 연루되어 1년 6개월 간 복역했다. 1913년 출옥 후 만주로 망명해 주로 지린 등지에서 독립운동에 참여했다. 1917년 노령 연해주에서 문창범 등과 전로한족회를 조직했다. 1918년에는 서일의 중광단에 가입했고, 1919년 2월에는 김동삼, 김좌진 등과 대한독립선언서에 39인 중 한 명으로 참여했다. 국내외 임시정부 추진 세력에게 신망이 높아 대한민국임시정부 초대 군무총장에 임명됐고, 1945년 광복 후 귀국해서는 미 군정청 초대 통위부장을 지냈다. 6·25전쟁 때 74세로 납북되었다. 1989년 건국훈장 대통령장 수훈.

유성준
1860~1934
親日

고위 관료, 친일 반민족 행위자. 유길준의 동생이다. 1921년 조선 총독 자문 기구인 중추원 칙임관 대우 참의에 임명됐다.

유인석
1842~1915

유학자, 의병장. 위정척사 사상의 원류인 이항로 문하에서 수학했다. 1876년 강화도 조약 체결 때는 개항반대운동을 전개했고, 1895년에는 을미사변과 단발령을 계기로 제천에서 의병을 일으켰다. 1908년 7월 블라디보스토크로 건너가 이상설, 이범윤 등을 만나 1910년 6월 십삼도의군을 결성하고 도총재에 추대됐다. 1962년 건국훈장 대통령장 수훈.

윤국범
1882~1911

의병. 1909년 의병을 조직하여 소백산 일대에서 유격전을 전개했다. 1909년부터 1910년까지 여섯 차례에 걸쳐 일본인 및 친일 분자의 집을 급습해 살해하거나 금품을 탈취하는 등 항일투쟁을 계속했다. 1911년 1월 일본 경찰에 붙잡혔는데 살인강도죄로 제1심, 제2심, 제3심에서 모두 사형 판결이 내려져 그해 3월 서대문 형무소에서 운명했다. 1977년 건국포장, 1990년 건국훈장 애국장 수훈.

윤병구
?~1949

독립운동가. 1903년 하와이에서 신민회를 조직하고, 1904년 하와이 이주 한인들에 대한 불법적 인민세 징수 반대투쟁을 벌였다. 1920년 대한인국민회 회장으로 당선됐다. 1977년 건국훈장 독립장 수훈.

윤세복
1881~1960

대종교 제3대 도사교, 초대 총전교. 1924년 선종사인 무원종사의 유명을 받고 제3대 교주로 취임했다. 광복 후인 1946년 서울에 총본사를 설치하고, 이후 교세 확장을 위한 교당 설치, 교단 조직의 정비 강화, 단군전 봉안, 교적 간행, 인재 양성을 위한 홍익대학의 설립 등 수많은 업적을 남겼다. 특히 교단 체제를 민주화해 전통적인 교통 전수제를 선거에 의한 총전교 선임제로 바꾸고 현대사회에 맞는 조직 체제로 정비, 강화하여 초대 총전교에 취임했다. 1962년 건국훈장 독립장 수훈.

윤세용
1868~1941

독립운동가. 경상남도 밀양 출신으로 1911년 가산을 정리하고 동생 윤세복과 펑텐 환런으로 이주해 동창학교를 설립했다. 1924년 대한민국임시정부 산하 육군 주만 참의부에 가담했다. 1925년 고마령 참사의 위기가 닥치자 참의장으로서 위기를 극복하고 항일투쟁을 이어가기 위해 노력했다. 이후 대종교에 입교했다. 1962년 건국훈장 독립장 수훈.

윤치호
1865~1945

親日

정치가, 친일 반민족 행위자. 1881년 4월 도쿄 게이오의숙에 입학한 유길준, 유정수와 함께 우리나라 최초의 도쿄 유학생이 됐다. 중서서원의 알렌과 본넬의 알선, 감리교회의 후원으로 1888년 9월 미국으로 건너갔고, 그해 11월 테네시 주 밴더빌트 대학 신학과 영어 과정에 입학했다. 1895년 2월 귀국한 후에는 의정부 참의에 임명되어 갑오개혁에 동참했고, 1897년 7월에는 독립협회에 가담해 서재필, 이상재 등과 독립협회운동을 이끌었다. 1906년 4월에는 장지연, 윤효정 등과 대한자강회를 조직해 회장으로 추대됐으며, 1908년 9월 안창호 등이 주도하는 평양 대성학교에 교장으로 취임했다. 1912년 2월 일제가 날조한 이른바 105인사건의 주모자로 검거돼 옥고를 치르다가 1915년 2월 일본 천황의 특사로 석방됐다. 출옥 이후 1916년 4월 YMCA 총무에 선출됐다. 1919년 1월 최남선이 3·1혁명 참여를 권유했으나 침묵으로 거부하고, 7월 친일 단체 경성교풍회 회장에 추대됐다. 1924년 4월에는 일선 융화를 표방하는 동민회에 가입했다. 중일전쟁이 발발한 1937년 7월에는 조선교화단체연합회에서 주최한 시국 대응 강연회에 연사로 참여했고 황군 위문금과 국방헌금을 냈다. 이 무렵 '애국경기호' 비행기 구입비도 헌납했다. 12월에는 일본군의 난징 함락을 기념해 조선 신궁에서 거행한 난징함락전첩봉고제 위원장을 맡았고, 1938년 5월에는 일본군의 쉬저우(서주) 함락을 기념해 조선군 사령부에 1만 원의 국방헌금을 기탁했으며 기독교계의 친일 협력을 위해 조직된 조선기독교연합회 평의원으로 선출된 데 이어 7월에는 평의원회 회장으로 선임되고, 국민정신총동원 조선연맹 상무이사가 됐다. 1941년 3월 국민총력 기독교 조선감리회연맹에서 주최한 시국 대응 신도 대회에서 '내선일체의 완벽'이라는 주제로 강연했다. 5월에는 조선 총독의 자문 기구인 중추원 칙임관 대우 고문에 임명되어 해방될 때까지 매년 3,000원의 수당을 받았으며 국민총력조선연맹 이사, 흥아보국단 중앙위원회 위원장 겸 상임위원에 위촉됐다. 1942년 2월 국방비 5,000원을 종로경찰서에 바치는가 하면 1944년 국민총력운동 조선연맹 고문, 국민동원총진회 고문으로 위촉됐다. 11월에는 중추원 참의들과 학병 독려 연설을 했다.

윤택영
1876~1935
親日

조선 말기 문신, 친일 반민족 행위자. 1906년 딸이 순종의 둘째 부인으로 간택되고 1907년 황후가 되자 해풍부원군이 됐다. 국권피탈 후인 1910년 10월 후작 작위를 받았고, 1911년 사단법인 조선귀족회 이사를 맡았다. 1920년 엄청난 부채에 시달리다가 중국 베이징으로 건너가 1935년 10월 객사했다.

이갑
1877~1917

대한제국 시기 무관, 독립운동가. 한국 육군 무관학교를 졸업한 후, 일본으로 건너가 육군사관학교 보병과를 졸업하고 1904년 귀국해 대한제국 육군 참령이 됐다. 1905년 11월 을사조약이 체결되자 1907년 4월 신민회 창립을 주도하는 등 국권 회복을 위한 애국계몽운동에 힘썼다. 1910년 4월 러시아로 망명, 만주 미산에 무관학교를 설립했다. 1962년 건국훈장 독립장 수훈.

이광수
1892~1950
親日

문학가, 언론인, 친일 반민족 행위자. 호는 춘원. 1903년 동학에 입도해 도쿄와 서울에서 오는 문서를 베끼고 배포하는 일을 했다. 1905년 8월 일진회의 추천으로 유학생에 선발되어 일본으로 건너갔다. 1907년 일본에서 문일평, 홍명희 등과 소년회를 조직하고 〈소년〉을 발행하면서 시와 논설 등을 발표했다. 1910년 이승훈의 초청으로 정주 오산학교에서 교편을 잡았는데, 1911년 105인사건으로 이승훈이 구속되자 오산학교의 실질적인 책임자가 됐다. 1915년 인촌 김성수의 후원으로 9월 일본 와세다대학 고등예과에 편입했다. 1917년 1월부터 6월까지 〈매일신보〉에 장편소설 《무정》을 연재했다. 1919년 1월 조선청년독립단선언서(2·8 독립선언서)를 기초한 뒤 상하이로 가 신한청년당 조직에 가담했다. 안창호의 민족운동에 크게 공감해 7월 상하이임시정부 사료편찬위원회 주임을, 8월에는 임시정부 기관지 〈독립신문〉의 사장 겸 편집국장을 맡았다. 1921년 귀국하여 1922년 〈개벽〉에 '소년에게'를 연재해 출판법 위반 혐의로 입건되었고, 5월에는 〈개벽〉에 조선 민족의 전면적 개조의 필요성을 촉구한 '민족개조론'을 발표했다. 1923년 동아일보사에 객원으로 입사하였으나, 1924년 사설 '민족적 경륜'이 물의를 일으켜 퇴사했다. 1926년 안창호의 지시에 따라 수양동우회를 발족시키고, 같은 해 〈동아일보〉 편집국장에 취임했다. 1933년 8월 조선일보 부사장에 취임해 1934년까지 활동했다. 1937년 6월 수양동우회사건으로 안창호 등과 서대문 형무소에 수감됐다가 6개월 후 병보석으로 풀려났다. 1938년 3월 10일 정신적 스승인 안창호가 사망하자 충격을 받아 실의에 빠졌으며, 11월 3일 병보석 상태에서 수양동우회사건의 예심을 받던 중 전향을 선언하고, 이후 조선 신궁을 참배하는 등 본격

적인 친일의 길로 들어선다. 해방 이후 1948년 12월 간행한 《나의 고백》에서 민족의
식이 싹트던 때부터 일제 말기까지 자기의 행위를 민족을 위한 선택이었다고 서술한
후, 일제 말기의 친일 행위 역시 애국자로서의 명예를 희생하더라도 민족 보존을 위
해서는 어쩔 수 없는 고육지책이었다고 강변했다. 1949년 반민특위의 검거로 서대문
형무소에 수감됐지만, 이광수는 시종 《나의 고백》에서 보인 자세를 견지했다. 1950년
6·25전쟁으로 납북된 뒤, 같은 해 10월 25일 지병인 폐결핵이 악화되어 사망했다.

이극로
1893~1978

국어학자, 정치가. 1929년 조선어학회의 《조선말 큰사전》(뒷날 한글학회의 《큰사전》)
편찬 집행위원, 1930년 한글맞춤법 제정위원, 1935년 조선어 표준어 사정위원, 1936년
조선어사전 편찬 전임위원 및 조선어학회 간사장을 지냈다. 1948년 4월 '남북 제정
당·사회단체 연석회의' 참석차 평양에 갔다가 잔류해 북한에서 활동했다. 1966년 이
후 본격화한 북한의 언어 규범화 운동인 '문화어운동 사업'을 주관했다.

이근택
1865~1919
親日

조선 말기 무신, 친일 반민족 행위자. 1904년 한일의정서 체결을 주도했고, 1905년
9월에는 군부대신으로 을사조약 체결을 주도해 을사오적에 이름을 올렸다. 1906년
2월 기산도, 이근철 등의 습격을 받으나 목숨은 건진다. 1910년 10월 한일 병합에
대한 공로를 인정받아 일제로부터 자작 작위를 받았으며, 중추원 고문에 임명됐다.

이기
1848~1909

실학사상가, 애국계몽운동가. 1894년 동학농민운동 지도자 전봉준에게 서울로 올라
가 간신을 제거하고 나라를 바로잡을 것을 제의했고, 이후에도 자강과 개혁의 방법
을 끊임없이 상소를 통해 정부에 호소했다. 을사조약 체결 이후에는 나인영, 오기호,
윤주찬, 김인식 등과 오적 암살단을 결성해 1907년 2월 권중현을 저격하고, 박제순
을 암살하려 했으나 성공하지는 못했다. 이후 스스로 거사의 정당성과 사실을 밝히고
진도에 유배됐다. 풀려난 이후로도 죽을 때까지 국권 회복을 위해 노력했다. 1968년
건국훈장 독립장 수훈.

이기용
1889~1961
親日

친일 반민족 행위자. 고종의 오촌 조카다. 국권피탈 후 왕족으로서 자작 작위를 받
았지만 도박 등으로 가산을 탕진하고 채무에 시달렸다. 이후 1930년 11월 21일 경
성지방법원에서 파산이 선고됐으나 작위는 그대로 유지했다. 1945년 4월 '정치 처
우 개선'으로 직선 귀족원 의원에 선임됐다. 해방 후인 1949년 1월 반민특위에 검거
돼 재판을 받았다.

이동녕
1869~1940

독립운동가. 1896년 독립협회에 가담, 이듬해 만민공동회에서 잘못된 정치를 비판하는 연설을 하다 투옥되었고, 7개월 후인 1898년 출옥해 〈제국신문〉 논설위원으로 활동했다. 1904년 서울 상동교회에서 전덕기, 양기탁, 신채호 등과 청년회를 조직하고 김구, 이회영 등과도 교유했다. 1905년 을사조약이 체결되자 덕수궁 대한문 앞에서 조약의 무효와 파기를 주장하는 시위를 벌이다 일본 헌병에게 체포됐다. 1906년 만주 북간도 롱징춘으로 망명해 이상설과 서전서숙을 설립, 민족 교육을 실시했고, 1907년 귀국해 신민회를 조직하는 한편 〈대한매일신보〉 발행을 지원하고 상동학교를 설립했다. 1910년 국권이 피탈되자 만주 서간도 류허현 삼원보로 망명하여 한인 자치기관인 경학사를 조직하고 이후 신흥무관학교의 전신인 신흥학교를 설립해 초대 교장으로 취임했다. 1913년 연해주 블라디보스토크로 건너가 대종교에 입교했으며, 1914년 대한광복군 정부를 수립하고 권업회를 조직해 〈대동신문〉과 〈해조신문〉을 발행, 보급했다. 1919년 2월 상하이로 건너간 후 3·1혁명이 일어나자 임시의정원 초대 의장에 선임되어 28명의 동지들과 임시정부 수립을 선포했고, 얼마 뒤 국무총리로 취임했다. 9월 각지의 임시정부가 통합되고 헌법이 대통령중심제로 바뀌자 내무총장이 되었고, 1921년 이동휘가 국무총리에서 사퇴하자 국무총리 대리를 맡아 수습했다. 1924년 국무총리로 정식 취임하면서 군무총장도 겸임했고, 이승만 대통령이 미국으로 돌아가자 대통령 직권을 대행했다. 1925년에 다시 의정원 의장이 되고, 1926년 대한민국임시정부 헌법이 국무령 제도로 바뀌자 국무령을 맡으면서 법무총장도 겸임했다. 다음 해에는 대한민국임시정부의 주석이 되어 위기를 돌파했다. 1929년 10월 세 번째로 의정원 의장이 되고, 1930년 김구 등과 한국독립당을 조직해 이사장에 추대되며, 두 번째로 대한민국임시정부 주석을 맡아 임시정부를 이끌었다. 1935년 세 번째로 임시정부 주석에 오르고, 1939년 네 번째로 주석이 되어 김구와 함께 임시정부를 이끌다 급성폐렴으로 쓰촨성에서 숨을 거뒀다. 1962년 건국훈장 대통령장 수훈.

이동하
1856~1919

의병, 독립운동가. 1907년 9월 이강년 의병 부대 참모로 임명돼 활발한 의병투쟁을 벌였다. 1908년 만주로 망명했다가 1914년 귀국했으며, 1915년 국권 회복을 목적으로 하는 민단조합을 결성하고 충청남도 지부장으로서 격문 배포, 군자금 모금 등의 활동을 했다. 1986년 건국포장, 1990년 건국훈장 애국장 수훈.

이동휘
1873~1935

독립운동가. 호는 성재. 1907년 7월 한일신협약으로 군이 강제해산될 당시까지 참령으로서 강화 진위대를 이끌었다. 일제의 강압에 의한 군대해산에 분노해 1909년 3월 군대 동지 연기우, 김동수 등과 강화도 전등사에서 의병 조직 계획을 세우다 잡혀 유배되나 미국인 선교사 벙커의 활약으로 10월 초순 풀려나온다. 이해에 이동녕, 윤치호, 양기탁 등과 105인사건에 연루, 투옥되었다가 무혐의로 석방된다. 교육 문화 사업에서도 적지 않은 활동을 해, 강화도 진위대장으로 있으면서 미국인 선교사 벙커와 박능일 목사를 움직여 강화도에 합일학교를 설립했고, 개성, 평양, 원산 등지에도 여러 학교를 설립했다. 또한 민족 계몽을 위한 단체로서 1908년 서북학회를 만들었다. 1915년경에는 노령으로 망명해 그곳에서 한인사회당을 조직했다. 1919년 8월 말에는 김립의 사위인 오영선을 데리고 대한민국임시정부 국무총리 취임을 위해 상하이에 도착했고, 취임 후에는 자파 세력 확장을 위해 민족진영 인사까지 끌어들여 1920년 봄, 공산주의자 그룹을 조직했다. 1921년에는 종래의 한인사회당을 고려공산당으로 개칭했다. 국무총리직에 있는 동안 모스크바의 레닌에게 200만 루블의 원조를 받았는데, 그중 40만 루블을 고려공산당 조직 기금으로 유용한 것이 임시정부에 발각돼 사임하였다. 공산주의 운동의 선구적 활동을 하였으나, 이동휘의 근본적인 사상에는 무엇보다 반일 민족 독립이 최우선에 놓여 있었다. 이동휘 자신도 "공산주의가 무엇인지 아무것도 모르는 인물이었다"고 스스로 고백한 바 있다. 이동휘는 오직 반일 민족 독립운동의 숙원을 이루기 위한 한 방편으로서 소련 정부와 제휴한 민족주의적 혁명운동가라고 할 수 있다. 대한민국임시정부 국무총리를 사임한 이후 시베리아에서 숨졌다. 1995년 건국훈장 대통령장 수훈.

이범석
1900~1972

정치가, 군인, 독립운동가. 중국으로 건너가 윈난강무학교를 수석으로 졸업하자 구대장 서가기가 자기 이름의 '기'에 '철'을 덧붙여 '철기'라는 호를 지어줬다. 1920년 10월 청산리대첩에서 제2제대 지휘관으로 크게 활약했고, 1923년 김규식 등과 고려혁명군을 창설해 기병대장을 맡았다. 1940년 9월 대한민국임시정부가 광복군 총사령부를 창설한 뒤에는 제2지대장으로서 미국군과 합동작전에 참가했고, 1945년에는 광복군의 참모장(중장)이 됐다. 1946년 10월 조선민족청년단을 결성하고 비정치, 비군사를 내걸어 국가 지상, 민족 지상의 청년운동을 전개하나 국수주의적 극우 단체라는 비난을 받으며 대한청년단으로 통합됐다. 1948년 정부 수립과 더불어 초대 국무총리와 국방부 장관을 겸임했고, 1950년에는 주중국 대사, 내무부 장관을 역임했다. 1951년 12월 이기붕 등과 자유당을 창당하고, 1952년 원외 자유당 부당수로 부통령에 입후보하나 낙선한다. 1953년 이승만의 조선민족청년단 숙청으로 자유당에서 제명당하고, 1956년 무소속으로 다시 부통령에 입후보하나 낙선한다. 1960년 자유연맹을 바탕으로 참의원에 당선됐다. 유해는 국립묘지에 안장됐다. 1969년 건국훈장 대통령장 수훈.

이범윤
1856~1940

독립운동가. 1903년 7월 간도 관리사를 맡아 간도 지역을 관할하고, 1905년 연해주로 건너가 의병 부대를 편성했으며, 1908년에는 국내 진공 작전을 펼쳤다. 국권피탈 이후에는 성명회, 권업회를 조직했고, 1919년에는 의군부, 1920년에는 대한광복단을 이끌었다. 청산리대첩 이후에는 서일에 이어 대한독립군단 단장에 추대됐다. 1962년 건국훈장 대통령장 수훈.

이병무
1864~1926
親日

조선 말기 무신, 친일 반민족 행위자. 1894년 일본에 건너가 이듬해 육군사관학교에 입교했다. 1904년 육군 무관학교장이 됐고, 1907년에는 이완용 내각의 군부대신 서리 시종무관장이 되어 고종의 강제 퇴위와 군대해산에 적극 협조했다. 일본의 한국 강제 병합에 적극적으로 협조해 일제로부터 자작의 작위와 5만 원의 은사공채를 받았다.

이상룡
1858~1932

독립운동가. 유인식, 김동삼 등과 애국계몽운동을 전개하고 1907년 협동학교를 설립했다. 1911년 4월 평텐 류허현으로 이동하고, 산중에서 개최된 노천대회에서 항일 민족 독립운동의 방략과 진로를 천명했다. 그리고 이를 추진하기 위한 경학사 설립 취지서를 발표했다. 동시에 경학사장에 추대됐다. 이상룡은 항일 민족 독립운동 방략에 있어 산업 및 교육 우선주의와 군사 중심주의를 병행해야 한다고 주장했다. 1919년 5월에는 신흥강습소를 신흥무관학교로 개칭해 독립운동 간부를 양성했다. 상하이에서 대한민국임시정부가 수립되자, 해외 독립운동 선상에서 한 나라에는 하나의 정부만이 있어야 한다는 주장 아래 11월, 군정부를 서로군정서로 개칭하고 대한민국임시정부를 지지했다. 1921년 1월 서로군정서와 의용군 일부를 정비해 남만통일회를 개최함으로써 서간도 일대의 항일 단체와 독립군단을 통합해 대한통군부를 조직했다. 1924년 10월 정의부가 발족되자 독판에 선출됐고, 1925년 9월에는 대한민국임시정부 국무령에 취임했다. 그러나 임시정부 내의 사상적 대립과 파쟁으로 정치적 경륜을 발휘할 수 없게 되자 국무령을 사임했다. 1932년 5월, 병으로 지린성에서 사망했다. 1962년 건국훈장 독립장 수훈.

이상설
1870~1917

독립운동가. 1894년 문과에 급제하여 1896년 성균관 교수 겸 관장 등을 역임하고 궁내부 특진관으로 승진했다. 1904년 6월 박승봉과 연명으로 일본인의 황무지 개간권 요구의 침략성과 부당성을 폭로하는 상소를 올렸다. 1905년 의정부 참찬이 되고, 11월 을사조약 체결 당시 실무 책임자였으면서도 일본의 제지로 참석하지 못했다. 이후 을사오적 처단과 조약 파기를 주장하는 상소를 올리고, 민영환이 자결하자 종로에서 민족항쟁을 촉구하는 연설을 한 뒤 자결을 시도하나 실패한다. 1906년 봄 북간도 룽징으로 망명하고, 8월경 민족 학교인 서전서숙을 건립해 신학문과 민족 교육을 실시했다. 1907년에는 제2회 만국평화회의에 고종의 특사로 참석하기 위해 이준, 이위종과 네덜란드 헤이그로 향하지만 열강의 외면으로 목적은 달성하지 못한다. 이일 때문에 그해 8월 일제의 압박을 받은 재판에서 궐석이었음에도 사형을 선고받는다. 1908년 8월 콜로라도 주 덴버에서 개최된 애국동지 대표자회의에 이승만과 연해주 대표로 참석했고, 1909년에는 연해주 블라디보스토크로 건너가 싱카이호 남쪽 봉밀산 부근으로 한인 100여 가구를 이주시켜 독립운동 기지 한흥동을 건설했다. 1910년 6월에는 유인석, 이범윤 등과 연해주 방면에 모인 의병을 규합해 십삼도의군을 편성하는 한편, 고종의 러시아 망명을 권하기도 했다. 국권피탈 후에는 블라디보스토크에서 성명회를 조직하나 일제의 압박을 받은 러시아에 의해 우수리스크로 추방됐다가 다시 블라디보스토크로 돌아오고, 1911년에는 권업회를 조직해 회장으로 선출됐으며 〈권업신문〉의 주간을 맡았다. 1913년 이동휘 등과 나자구에서 광복군 사관을 양성했고 1914년 대한광복군 정부를 세워 정통령이 됐으며 1915년 3월경 상하이에서 박은식, 신규식 등과 함께 신한혁명당을 조직해 본부장에 선임되는 등 활발한 독립운동을 벌이다 1917년 3월 우수리스크에서 사망했다. 1962년 건국훈장 대통령장 수훈.

이상재
1851~1927

독립운동가. 1881년 박정양, 홍영식, 김옥균 등과 신사유람단의 일원으로 일본을 방문했다. 1887년에는 박정양이 주미 공사로 임명되자 2등 서기관으로 함께해 서구 문물을 직접 보았고, 귀국 후에는 경연각 참찬, 학무아문 참의 등으로 일하며 교육

제도에 관심을 갖고 사범학교, 소학교, 중학교, 외국어학교를 설립하는 데 공헌했다. 1896년에는 서재필 등과 독립협회를 조직하고 만민공동회 의장으로 활동했다. 그러나 황국협회 등에 의해 해산당하자 낙향해서 정부의 부패 등을 비판했다. 1902년에는 황성YMCA에 가입해 초대 교육부장이 됐고, 1905년 을사조약 직후 고종의 간청으로 잠시 관직에 참여했으나 군대해산 이후 다시 낙향하고 이즈음 신민회에 가입했다. 국권피탈 이후 일제에 의해 붕괴 직전이던 YMCA를 사수하기 위해 노력한 덕에 YMCA만이 해산당하지 않고 국내 유일의 민간단체로 남아 이후 3·1혁명을 준비하는 근거지가 됐다. 이상재는 이 시기에 전국을 돌며 강연회를 열고 민족의식을 고취했다. 3·1혁명 이후에는 독립운동을 지도했다는 혐의로 일제에 체포돼 4개월간 옥고를 치렀다. 1922년 조선교육협회를 창립하고 회장이 됐으며 1924년에는 〈조선일보〉 사장으로 취임했다. 1927년에는 신간회 창립에 주도적으로 참여해 민족협동전선 형성에 기여하고 초대 회장으로 취임했다. 취임 직후 노환으로 사망했다. 1962년 건국훈장 대통령장 수훈.

이상춘
1882~?

국어학자. 1931년 조선어학회의 한글맞춤법 초안 작성위원이다. 1935년부터 1936년까지 《조선말 큰사전》 편찬위원회 준비위원을 지냈다.

이승만
1875~1965

정치가, 독립운동가. 대한민국 제1, 2, 3대 대통령. 1904년 11월 민영환과 한규설의 주선으로 한국의 독립을 청원하기 위해 미국으로 갔다. 1907년 조지워싱턴대학에서 학사, 하버드대학에서 석사 학위를 받았고, 1910년 프린스턴대학에서 '미국의 영향하의 중립론'이라는 논문으로 박사 학위를 받았다. 대학 재학 시 미국의 대외 정책이 일본에 유리한 방향으로 전개될 수 있도록 활동했던 스티븐슨을 암살한 전명운과 장인환의 재판 통역 요청을 받았으나, 미국 사회 내의 부정적 여론을 이유로 거부하기도 했다. 1900년대 초 옥중에서 만났던 박용만의 도움으로 1913년 2월 하와이 호놀룰루로 활동 근거지를 옮기고, 하와이에서 활동한 지 1년이 지날 무렵 박용만이 무력투쟁을 위해 국민군단을 창설하자 이승만은 교육을 통한 실력 양성을 주장하면서 대립했다. 1918년 제1차 세계대전이 끝나고 미국의 윌슨 대통령은 민족자결주의를 주창하며 국제연맹을 구상했고, 이승만은 한국을 국제연맹의 위임통치하에 둘 것을 요청하는 청원서를 윌슨 대통령에게 제출했다. 상하이임시정부 의정원은 1919년 9월 6일 이승만을 임시대통령으로 추대했고, 이승만은 1920년 12월부터 약 6개월간 대한민국임시정부 대통령직을 수행한다. 그러나 1925년 3월

11일 임시정부 의정원은 이승만을 탄핵해 대통령직을 박탈했다. 임시정부 인사들은 이승만이 주장한 국제연맹 위임통치안을 강하게 비판했다. 이승만이 상하이임시정부에서 직접 직책을 수행하지 않았다는 사실과 함께 임시정부 의정원의 결의를 무시했다는 것이 주요한 이유였다. 1933년 11월 이승만은 임시정부 국무위원에 선출됐고, 1934년에는 외무위원회 외교위원, 1940년 주미외교위원부 위원장으로 임명됐다. 태평양전쟁이 발발한 후 이승만은 미국 정부에 임시정부를 한국의 대표로 승인해줄 것을 여러 차례 요청했다. 1945년 8월 15일 해방 후 두 달이 지난 10월 16일 귀국하여, 10월 23일 독립촉성 중앙협의회를 조직해 회장에 추대됐다. 이승만은 미소공동위원회에 반대하며 1946년 6월 3일 정읍에서 남쪽만의 임시정부 혹은 위원회 조직이 필요하다고 발언하고 38선 이남에서라도 단독정부를 세워야 한다고 주장했다. 1948년 5월 10일 실시된 국회의원 총선거에서는 동대문구 갑 지역구에 단독으로 출마해, 투표 없이 당선됐다. 5월 31일 국회가 소집되자 선출된 국회의원 중 가장 나이가 많았던 그가 의장에 선출됐고, 7월 20일 국회에서 선거에 의해 대한민국 대통령에 선출됐다. 1949년 반민특위 활동으로 일본 및 총독부에 협력했던 인사들을 처벌하는 것에 대해 반대하는 입장을 밝혔고, 농지개혁을 추진, 실시했으며 통일 문제에 대해서는 북진통일론을 주장해 북한 정부를 인정하지 않았다. 1950년 6월 25일 한국전쟁이 발발하자 서울을 사수하겠다는 자신의 육성을 라디오 방송으로 틀어놓은 채 한강대교를 폭파한 뒤 대전으로 피신했다. 또한 국회에서 대통령을 선출하게 돼 있는 헌법을 국민이 직접 선출하는 것으로 개헌을 추진했다. 개헌 추진 과정에서 야당이 반대하자 1952년 임시수도 부산에 계엄령을 실시했고, 같은 해 대통령 직선제를 골자로 하는 발췌 개헌안을 통과시켰다. 새로운 헌법에 따라 1952년 8월 5일 실시된 제2대 대통령 선거에서 74.6퍼센트의 지지로 재차 당선됐고, 1954년에는 이른바 '사사오입 개헌'을 통해 대통령직 연임 제한 조항이 초대 대통령에 대해서는 적용되지 않도록 개정했다. 1956년 5월 15일 새로 개정된 헌법에 근거해 대통령 선거를 실시, 56퍼센트의 득표율로 제3대 대통령에 취임했다. 1960년 제4대 대통령 선거에는 부통령 후보 이기붕과 러닝메이트로 출마했고, 민주당 대통령 후보 조병옥이 선거 중 사망해 무투표 당선됐다. 하지만 3·15 부정선거로 4·19혁명이 발발하자 4월 26일 대통령직에서 물러났으며, 경무대를 떠나 이화장에 잠시 머물다 5월 29일 하와이로 망명했다. 1965년 7월 19일 하와이 호놀룰루 요양원에서 숨졌다. 같은 해 7월 27일 가족장으로 영결식이 거행되었고, 유해는 국립서울현충원에 안장됐다.

이승훈
1864~1930

교육가, 독립운동가. 1901년 평양에서 무역업에 성공해 국내 굴지의 부호가 됐다. 1904년 러일전쟁으로 다시 사업에 실패하자 고향으로 낙향한다. 1907년 7월 평양에서 안창호의 '교육진흥론' 강연을 들은 후 안창호가 조직한 비밀결사 신민회에 가담했다. 1907년 11월 24일 민족운동의 요람인 오산학교를 개교해 교장이 됐다. 교육 사업에 헌신하면서 민족운동에 가담하던 중 일제의 탄압으로 1911년 2월 안악사건에 연루되고 제주도에서 유배 생활을 했다. 105인사건이 일어나 유동열, 윤치호, 양기탁 등 신민회 간부와 600여 명의 애국지사가 잡혔을 때 이승훈도 주모자로 인정되어 제주도에서 서울로 압송됐다. 출옥 즉시 세례를 받고 장로가 되었다가 신학을 공부하기 위해 평양신학교에 입학했고, 1919년 3·1혁명 때 기독교 대표로 참가했다. 3·1 혁명으로 종로경찰서에 구속되어 다른 47인과 함께 1920년 경성지방법원에서 징역 3년 형을 선고받아 마포 형무소에서 복역하다가 1922년 가출옥해 오산학교로 돌아왔다. 일본 시찰로 견문을 넓히고 오산학교 경영에 심혈을 기울이던 중 1924년 김성수의 간청으로 동아일보사 사장에 취임, 1년 동안 경영을 맡기도 했다. 이때 물산장려운동, 민립대학 설립운동 등에 가담했으며, 조선교육협회에도 관여하는 등 활동 범위가 매우 넓었다. 동아일보사에서 물러난 뒤 다시 오산학교로 돌아와 학교 운영에 심혈을 기울였다. 1962년 건국훈장 대한민국장 수훈.

이완용
1858~1926
親日

조선 말기 문신, 친일 반민족 행위자. 1882년(고종 19년) 과거에 급제했다. 1887년 주미 공사 박정양을 따라 미국에서 외교관으로 활동하다 1890년 귀국했다. 이후 친미파로 불리게 됐다. 1894년 갑오개혁 때 박정양 내각과 김홍집 내각의 학부대신을 지냈고, 1896년 이범진 등과 고종을 러시아 공사관으로 파천시키고 외부대신 겸 학부대신이 됐다. 한때 독립협회에서도 활동했으나 외부대신으로 있으면서 각종 이권을 열강에게 넘겨준 것이 문제가 돼 제명됐다. 1897년 대한제국이 수립되자 친러파로 몰려 외직을 전전하다가 1901년 한직인 궁내부 특진관으로 돌아온 후, 1905년 학부대신으로 일본의 특파대사 이토 히로부미와 함께 일본군을 동원, 고종과 대신들을 협박해 을사조약을 주도했다. 그리고 그 공으로 의정대신이 되고, 1907년 6월에는 내각총리대신에 올랐다. 1907년 7월 헤이그 특사 사건이 일어나자 초대 통감 이토 히로부미와 함께 고종의 퇴위를 강요하였고, 순종이 즉위하자 정미칠조약을 체결해 대한제국의 내정권을 사실상 일본에게 넘겨줬다. 또한 같은 해 8월에는 군대해산에 앞장섰고, 그 공로를 인정받아 일본으로부터 욱일동화장을 받았다. 1909년 12월 명동성당 앞에서 이재명의 기습을 받아 칼을 어깨에 맞는 중상을 입지만 생명에는 지장이 없었다. 1910년 8월 22일 통감 데라우치 마사타케와 한일병합조약을 체결해 같은 달 29일 나라를 일제에게 넘겨주었다. 그리고 일제로부터 백작의 작위와 수당 60여 원 및 퇴직금 1,458원 33전 등의 대가를 받았다. 일제강점기에도 조선총독부 중추원 고문, 중추원 부의장 등을 지냈고, 1919년 3·1혁명 때는 독립투쟁을 비난하는 경고문을 세 차례에 걸쳐 발표하는 등 친일 행위에 앞장섰다. 그 대가로 1920년 후작으로 작위가 상승했고, 이후에도 끝까지 친일 반민족 행위를 일삼았다. 전라북도 익산에 묻혔고 정치 행적과는 달리 당대의 명필이었다.

이용구
1868~1912
親日

종교인, 정치가, 친일 반민족 행위자. 1890년 동학에 입교해 손병희 등과 제2대 교주 최시형의 제자가 됐다. 동학농민운동에 참여했으나 최시형이 처형된 후 제3대 교주가 된 손병희를 따라 1901년 일본으로 건너갔다가 1903년 손병희의 뜻에 따라 귀국해 포교 활동을 벌였다. 1904년 9월 동학교도를 규합해 진보회를 조직했고, 12월 송병준의 일진회와 합병해 13도 총회장으로 취임했다. 1905년 11월 5일 을사조약 체결 여론 조성을 위해 송병준과 함께 한국이 일본의 보호를 받아야 한다는 '일진회 선언서'를 발표했고, 12월 22일 일진회 회장으로 추대됐다. 일본에서 귀국한 손병희가 1905년 12월 1일 동학을 천도교로 개칭하고 1906년 9월 천도교에서 그를 포함한 62명을 출교시키자 11월 시천교를 창설해 교주에 올랐다. 1907년 6월 헤이그 특사가 파견되자 송병준과 함께 고종을 퇴위시키기 위해 시위를 일으켰다. 7월 고종의 강제 퇴위와 8월 군대해산이 진행되면서 정미의병이 일어나자 의병 토벌을 적극적으로 주장했다. 1909년 12월에는 '정합방 상주문'을 순종과 이완용 내각 및 통감부에 제출했다. 1910년 9월 일진회가 해산될 때 강제 병합에 앞장선 공로를 인정받아 일제로부터 해산비 5,000원과 은사금 10만 원을 받았다.

이용직
1852~1932

조선 말기 문신. 을사조약 후 자결한 조병세의 사위다. 1875년 과거에 급제한 후 요직을 두루 거치고 1904년과 1909년 학부대신에 올랐다. 1910년 국권이 피탈되자 일제로부터 자작의 작위를 받았으나, 1919년 3·1혁명 때 경학원 부제학으로서 대제학

김윤식과 조선독립청원서를 작성한 이유로 작위가 박탈됐다.

이재명
1887 ~ 1910

독립운동가. 1909년 서울 종현천주교회당에서 거행되는 벨기에 황제 추도식에 이완용이 참석한다는 신문 보도를 보고 군밤 장수로 변장한 뒤 교회당 문밖에서 기다리고 있다가, 추도식장에서 나와 인력거를 타고 지나가려는 이완용의 허리와 어깨 등을 칼로 세 차례 찔렀다. 이후 일본 경찰에 체포된 뒤 사형을 선고받았다. 1962년 건국훈장 대통령장 수훈.

이종일
1858 ~ 1925

언론인, 독립운동가. 1896년 독립협회에 참가해 민권 의식과 민권 사상을 고취하려 노력했다. 1898년 〈제국신문〉을 순 한글로 창간해 1910년까지 10여 년간 사장 겸 기자로서 애국계몽운동에 앞장섰다. 1905년 천도교에 입교했고, 천도교 직영 인쇄소인 보성사 사장으로 활약했다. 1919년 3·1혁명 때 민족대표 33인 가운데 한 사람이었으며, 보성사에서 극비리에 독립선언서 3만 5,000장을 인쇄해 전국에 배포했다. 1962년 건국훈장 대통령장 수훈.

이준
1859 ~ 1907

순국열사, 애국계몽운동가. 1907년 을사조약의 부당함을 알리고 한국 독립에 관한 지원을 요청하기 위해 헤이그 만국평화회의에 참석하려 했다. 만국평화회의 의장에게 고종의 친서와 신임장을 전하고 한국 대표로서 공식적으로 참석하기 위한 활동을 전개했으나, 일본 대표와 영국 대표의 방해로 성공하지 못했다. 열강 대표들의 냉담함에 격분한 이준은 통분을 누르지 못해 헤이그에서 순국했다. 1964년 장충단공원에 동상이 건립됐다. 1962년 건국훈장 대한민국장 수훈.

이지용
1870 ~ 1928
親日

조선 말기 문신, 친일 반민족 행위자. 1904년 외부대신 서리로서 한일의정서에 조인했다. 1905년 11월 내부대신으로 을사조약을 주도해 을사오적으로 지탄받았다. 국권피탈 과정에 적극적으로 협력해 일제로부터 백작 작위를 받았으며, 중추원 고문에 임명됐다. 1912년 1월 도박죄로 작위를 박탈당했으나 1915년 9월 특사로 감형돼 백작 작위를 회복했다.

이진룡
?~?

의병, 독립운동가. 1905년 을사조약이 체결되자 평산에서 의병을 일으켜 박기섭을 대장으로 추대하고 선봉장이 된 후, 국권피탈 이후까지 황해도, 경기도, 강원도 3도를 무대로 활약했다. 1911년 황해도에서 일본군과 맞서나 500여 명 가운데 250명의 부하가 잡히는 피해를 입어 더 이상 의병 활동이 불가능해지자 10월 한정만을 후임으로 세우고 조맹선과 만주 류허현 삼원보로 망명해 재기를 노리다가 홍범도 등과 포수단을 조직하고 창바이(장백), 푸쑹 등을 근거지로 삼았다. 1916년 군자금을 조달하기 위해 운산금광을 오가는 송금 마차를 습격하나 현금이 없어 성과를 얻지는 못했다. 1918년에는 조맹선, 황봉신 등과 충의사라는 비밀결사 단체를 조직해 독립운동을 준비했다. 1919년 3·1혁명 이후에는 독립운동 단체를 통합해 국내 진공을 위해 노력하나 임곡의 밀고로 체포돼 뤼순 감옥에 투옥됐다. 이에 황봉운, 황봉신 형제가 구출을 시도하나 도리어 잡히고 말았다. 평양지방법원에서 황봉운, 황봉신 형제와 함께 사형 언도를 받고 순국했다. 소식을 들은 부인 우씨도 따라 순절했다. 1962년 건국훈장 독립장 수훈.

이회영
1867~1932

독립운동가. 안창호, 이갑, 전덕기, 양기탁, 이동녕, 신채호 등과 비밀결사 신민회를 조직하고 중앙위원으로서 정치, 경제, 교육, 문화 등 각 방면에 걸쳐 활약했다. 간도 룽징춘에 서전서숙을 설립하고 책임자 이상설로 하여금 교포 교육에 주력하도록 했다. 1908년 헤이그에서 돌아온 이상설을 만나 국외 활동은 이상설이, 국내 활동은 자신이 담당하기로 협의하고, 교육진흥운동을 위해 동지들을 각 학교에 파견하고 교육에 진력하도록 했으며, 자신도 상동청년학원 학감으로 취임해 교육 사업에 진력했다. 1909년 봄에는 김구, 이동녕, 주진수, 안태국, 이승훈 등과 비밀리에 신민회 간부회의를 소집하고, 만주에 독립운동 기지를 건설할 것을 결의, 류허현 삼원보를 후보지로 결정한다. 1910년 국권이 일제에 의해 강탈당하자 전 가족이 만주로 건너가 황무지를 개간하며 독립운동 기지 건설에 매진했고, 1911년 교민 자치 기관으로 경학사를 조직하는가 하면 1912년에는 독립군 지도자 양성을 목적으로 신흥강습소를 설립했다. 1918년 미국 대통령 월슨의 민족자결주의 제창으로 국내외에서 독립 기운이 활발해지자 오세창, 한용운, 이상재 등과 밀의해 고종의 국외 망명을 계획하고, 시종 이교영을 통해 고종의 허락을 얻으나 고종의 갑작스러운 죽음으로 뜻을 이루지 못한다. 1919년 대한민국임시정부가 상하이에 수립되지만 의견 차이로 분란이 끊이지 않자 베이징에 체류하며 활동을 계속했다. 1924년에는 재중국조선무정부주의자연맹을 조직해 활동했고, 1931년 만주사변이 발발하자 중국에 있는 동지들이 상하이에 집결해 조직한 단체인 항일구국연맹의 의장에 추대됐다. 1932년 상하이사변이 일어나자 행동 강령으로 일본 군 기관 및 수송기관 파괴, 일본 요인 및 친일파 숙청, 일본 외교기관 폭파 등을 결정하고, 중국국민당과 교섭해 자금과 무기 지원을 확약받았다. 그해 11월 만주에 연락 근거지를 확보하고 지하공작망을 조직해 주만 일본군 사령관 암살을 목적으로 상하이에서 다롄으로 향하던 도중, 다롄의 일본 수상경찰에 잡혀 악독한 고문 끝에 옥사했다. 1962년 건국훈장 독립장 수훈.

임병찬
1851~1916

의병장. 동학 농민군 지도자였던 김개남을 고발함으로써 그를 처형하는 데 일조했다. 1906년 최익현과 태인에서 의병을 일으켰다가 쓰시마 섬에서 유배 생활을 했다. 1914년 고종의 밀조를 바탕으로 대한독립의군부를 만들고, 총사령 자격으로 일본의 내각총리대신과 조선 총독에게 국권 반환 요구서를 보냈다. 그러나 같은 해 5월 일본 경찰에 대한독립의군부의 조직과 계획이 탄로 나 체포됐다. 1962년 건국훈장 독립장 수훈.

임선준
1860~1919
親日

조선 말기 문신, 친일 반민족 행위자. 1907년 내부대신으로서 정미칠조약을 체결할 때 적극 동조했다. 1908년 탁지부 대신이 되어 일본 소유의 군용지, 철도 용지 등에 면세 혜택을 베풀고, 의병에게 처단당한 자의 유족에게는 보상금을 지급했다. 국권피탈 이후 일제로부터 자작 작위를 받고 1919년까지 중추원 고문을 지냈다.

임치정
1880~1932

독립운동가. 1904년 미국에서 안창호와 공립협회를 조직해 간사로 활동하면서 기관지인 〈공립신보〉를 간행했다. 1907년 신민회에 가입해 활동하다가 105인사건에 연루돼 1911년 체포되고 1912년 9월 주모자 6인으로 꼽혀 복역하던 중 1914년 특사로 석방됐다. 이후 1919년 평안도 일대의 3·1혁명을 주도하고 1923년 민립대학 설립운동에 동참했다. 1968년 건국훈장 독립장 수훈.

장두환
1894~1921

독립운동가. 1917년 비밀 항일 결사인 광복단에 입단해 김한종과 함께 충청남북도 담당 책임자로 활동했다. 1918년 친일파인 아산군 도고면장 박용하를 찾아가 광복단의 사형선고장을 낭독한 뒤 사살했다. 1963년 건국훈장 독립장 수훈.

장인환
1876~1930

의사. 미국에서 노동자로 일하다가 통감부 외교 고문인 스티븐스가 샌프란시스코에 와서 "일본의 한국 지배는 한국에게 유익하다"고 망언하는 것을 보고 스티븐스 암살을 계획했다. 1908년 오클랜드 선창에서 스티븐스를 권총으로 암살하고 2급 살인죄로 25년 금고형 판결을 받았다. 1962년 건국훈장 대통령장 수훈.

장일환
1886~1918

독립운동가. 1914년 평양에서 조선독립청년단을 조직하고, 기관지 〈청년단지〉를 발행하면서 독립 정신을 고취했다. 1917년 조선국민회를 조직해 회장으로 피선됐다. 1918년 일본 경찰에 붙잡혀 잔혹한 고문으로 순국했다. 1990년 건국훈장 독립장 수훈.

장지연
1864~1921

언론인. 1895년 을미사변 때 의병 궐기 호소 격문을 지어 여러 곳에 발송했고, 1896년 아관파천 때는 고종 환궁을 요청하는 만인소를 기초했다. 1897년 독립협회에 가입해 활동했고 9월 〈황성신문〉이 창간되자 기자로 활동했으며, 11월 만민공동회 총무위원으로 활동하다 만민공동회가 해산되면서 체포됐다. 1899년 1월부터 8월까지 〈시사총보〉 주필을 지냈고, 9월에는 〈황성신문〉 주필로 초빙되나 수개월 후 사임하고, 1901년 다시 주필을 맡았다. 1902년 8월에는 사장으로 취임했다. 1905년 을사조약이 체결되자 〈황성신문〉 11월 20일 자에 '시일야방성대곡'을 게재해 65일간 투옥된다. 1906년 3월 대한자강회 평의원, 1907년에 대한협회, 흥사단의 평의원이 됐고, 1908년 2월 블라디보스토크 〈해조신문〉 주필로 초빙되었다가, 1909년 10월에는 경상남도 진주에서 창간된 〈경남일보〉의 주필로 초빙되나 1913년 신병을 이유로 〈경남일보〉 주필을 그만둔다. 이후 〈매일신보〉에 1914년 12월 23일부터 실명으로 1918년 12월까지 약 700여 편의 글을 기고하는데, 조선총독부의 시정과 일제강점기 동북아시아 지역에서 일본의 역할을 긍정적으로 서술하는 글들이 포함돼 있다. 1962년 대한민국 건국훈장 국민장을 받고 2004년 11월 국가보훈처 선정 '이달의 독립운동가'로 선정되나 〈매일신보〉에 실린 글에 친일적 내용이 있다는 이유로 2011년 서훈이 취소됐다. 하지만 2012년 1월 20일 법원이 해당 서훈의 취소 결정을 다시 무효 처리했다.

전덕기
1875~1914

목사, 독립운동가. 서울에서 태어나 1896년 세례를 받고 상동교회에 입교했다. 1896년 서재필이 조직한 독립협회에 가입해 독립운동에 나섰으며, 핵심적 간부로서 독립운동가들과 친교를 쌓았다. 독립협회가 해산된 뒤에는 상동교회에서 목회에 전념했다. 1905년 을사조약이 체결되자 엡웰청년회(전국감리교청년회연합회)를 소집하고 이들을 중심으로 을사조약 무효투쟁을 전개하는 동시에 조약 체결에 협조한 을사오적을 민족의 이름으로 처단하기 위해 정순만과 더불어 평안도 출신 장사 수십 명을 서울에 불러들여 암살단을 조직했다. 그러나 이 거사 계획은 일본 경찰의 저지로 실

패하고 만다. 1907년에는 이준과 더불어 상동교회 지하실에서 헤이그 거사 계획을 성사시켰다. 같은 해 상동교회를 중심으로 비밀결사 민족 독립운동 단체인 신민회를 조직하는 데 참여했다. 한편, 1904년 그가 상동교회 안에 세운 상동청년학원은 1907년부터 신민회의 교육기관이 되어 활발한 민족운동을 전개했다. 전덕기는 1907년 감리교 연회에서 목사 안수를 받고 담임목사가 되면서 당시 상동교회를 민족운동의 요람으로 만드는 데 공헌했다. 1912년 105인사건으로 불리는 신민회 사건이 일어나자 붙잡혀 심한 고문을 받고, 지병이 악화돼 병보석이 됐으나 끝내 회복하지 못하고 사망하였다. 1962년 건국훈장 독립장 수훈.

전덕원
1877~1943

독립운동가. 을사조약이 체결되자 각국 공사에게 격문을 보내고 관서 지방에서 의병 활동을 벌이다가 1906년 체포돼 황주로 유배됐다. 1912년 만주로 망명해 국내 진입 작전을 펼치기 위해 노력했다. 복벽주의자로서 대한제국 연호를 사용한 것으로 유명했다. 1962년 건국훈장 독립장 수훈.

정난교
1864~1943
親日

조선 말기 무관, 친일 반민족 행위자. 1882년 3월 김옥균과 일본에 건너가 1883년 일본 도야마육군학교에 입학했다. 갑신정변 당시 행동대원으로 활약했고, 실패 후 일본으로 망명했다. 1894년 동학농민운동과 청일전쟁이 일어나자 박영효와 함께 귀국했고, 동학 농민 전쟁을 진압한 공을 인정받아 1895년 통정대부 정3품에 올랐다. 국권피탈 후인 1910년 10월 충청남도 참여관이 됐으며, 1927년 6월 조선 총독 자문 기구인 중추원 주임관 대우 참의에 임명되었다. 1941년 4월에는 칙임관 대우 참의가 됐다.

정순만
1873~1911

독립운동가. 1896년 3월 독립협회 창립에 참여했고, 1898년 11월 만민공동회에서 활동하다 체포됐다. 1902년 미국으로 건너갔다가 다시 1905년 만주 서간도 룽징으로 건너가 이상설과 서전서숙을 설립했다. 1907년 신민회에 참여했고 헤이그 특사를 지원했다. 국권피탈 후에는 연해주로 건너가 독립운동에 헌신했다. 1986년 건국훈장 독립장 수훈.

정인보
1893~?

한학자, 교육가, 역사가. 1912년 상하이로 건너가 동제사를 조직하고 교포의 정치적, 문화적 계몽 활동을 주도하며 광복운동에 종사했다. 광복이 되자 일제의 민족말살정책으로 민족사를 모르는 국민에게 바른 국사를 알리고자 1946년 9월 《조선사 연구》

를 간행했다. 1990년 건국훈장 독립장 수훈.

조경호
1839~?

조선 말기 문신. 흥선대원군의 사위. 1865년 과거에 급제해 요직을 두루 거친 후 1882년 예조판서에 올랐다. 임오군란이 일어나 흥선대원군이 명성황후의 거짓 장례를 지낼 때 종척집사에 임명됐다. 곧이어 광주 유수로 나갔다가 흉년이 들자 환곡을 면제하는 등 백성 구휼에 힘썼다. 국권피탈 후 일제가 준 남작 작위를 거부했다.

조맹선
?~1922

독립운동가. 1905년 을사조약이 체결되자 을사오적을 참할 것을 상소하고, 이진룡, 박장호 등과 평산에서 의병을 일으켜 참모장으로 활약했다. 일제의 남한 대토벌 작전으로 의병 활동이 여의치 않자 만주로 넘어가 홍범도, 차도선 등과 포수단을 조직하고 창바이, 푸쑹 등지에서 일제와 맞서 싸웠다. 1916년 10월 이진룡과 함께 운산 금광을 오가는 송금 마차를 습격하나 미수에 그치고, 1918년 1월에는 차도선 등과 충의사라는 비밀결사를 조직해 무장투쟁을 준비했다. 이후 류허현 삼원보에서 독립운동 단체들이 통합, 결성된 대한독립단의 총 단장에 취임했다. 1920년 2월 만주 지역 독립군들이 대한민국임시정부 산하 광복군사령부로 개편되자 광복군사령장에 취임하고, 뒤이어 창설된 광복군총영 또한 지도했다. 1921년 4월 5일 평안남도 순천에 잠입해 활동하다가 일본 경찰에 체포되고, 1922년 지린성에서 순국했다. 1962년 건국훈장 독립장 수훈.

조민희
1859~1931
親日

조선 말기 문신, 친일 반민족 행위자. 27세에 과거에 급제해 요직을 두루 거쳤고 1901년부터 프랑스 공사, 미국 공사를 지냈다. 국권피탈 후 일제로부터 자작의 작위를 받았고, 이듬해 5만 원의 은사금을 받았다. 1919년 11월부터 1921년 4월까지 조선총독부 중추원 고문을 역임했다.

조병준
1862~1931

의병장, 독립운동가. 을미의병 당시 평안도 의병장으로 유인석 의병 부대에서 활약하다가 체포돼 2년간 투옥됐다. 국권피탈 후 다시 의병을 일으켜 창성의 일본 헌병대를 습격했고, 만주로 건너가 1919년 대한독립단을 결성했다. 1920년 대한민국임시정부 산하 대한광복군 참리부 부장을 역임하는 등 이후로도 만주에서 독립운동에 헌신했다. 1962년 건국훈장 독립장 수훈.

조성환
1875~1948

독립운동가. 1906년 신민회를 조직해 항일구국운동에 투신했다. 1925년 신민부를 조직, 외교위원장에 임명됐고, 1945년 12월 대한민국임시정부 요인과 같이 환국한 뒤 한국장교단장, 성균관 부총재 등을 역임했다. 1962년 건국훈장 대통령장 수훈.

조소앙
1887~1958

정치사상가, 독립운동가. 1902년 성균관에 입학했고, 이하영 등의 매국 음모를 막기 위해 신채호 등과 성토문을 만들어 항의했다. 국권피탈 때는 '한일합방성토문'을 작성하고 비상대회 소집을 꾀하려다 발각돼 고초를 겪었다. 주권불멸론, 민권민유론의 취지를 1917년 스웨덴 스톡홀름에서 개최된 국제사회당대회에 한국 문제의 의제로 제출해 세계를 놀라게 했다. 1919년 이른 봄 만주 지린에서 무장항쟁 노선이 집약된 대한독립선언서를 기초하고 독립운동 지도급 인사 39인의 공동 서명으로 발표해 내외에 그 영향력을 크게 떨쳤다. 1919년 3·1혁명에 즈음하여 대한독립의군부를 조직, 부주석으로 선출되고, 한성정부 교통부장에 추대됐다. 4월 상하이에서 대한민국임시정부 수립에 참여함으로써 민주공화제 헌법의 기초를 비롯한 임시정부의 국체와 정체의 이론 정립 및 임시정부의 대외 홍보 전반에 걸쳐 주역으로 활약했다. 6월에는 파리에서 괄목할 외교적 성과를 올렸다. 만국평화회의 대표단 지원을 비롯하여 만국사회당대회와 국제사회당 집행위원회 활동을 위해 프랑스에서 스위스로, 또 네덜란드로 다니면서 한국의 자주독립과 그 당위성을 역설했을 뿐 아니라, 노동당 지도층 인사들과의 폭넓은 교유로 영국 하원에서도 한국 문제를 정식 제기하도록 활약했다. 유럽 순방에 이어 1921년 국제사회당 대표단으로 러시아 각지를 시찰한 뒤 모스크바를 경유, 5월 베이징에 와서 공산주의를 비판하는 만주리선언을 발표했다. 상하이로 돌아와서는 1922년 임시정부 외무총장, 의정원 의장이 되고, 세계한인동맹회 회장에 취임하는 한편, 김상옥을 국내에 밀파하여 의거하게 했다. 1930년에는 이동녕, 이시영, 김구, 안창호 등과 한국독립당을 창당했다. 독자적 이념 체계인 삼균주의에 입각한 정강·정책의 '태극기 민족혁명론'을 제창했는데, 삼균주의는 정치·경제·교육의 균등을 골자로 한다. 한국독립당의 대외 선전 및 임시정부의 이론 전개와 외교 문제를 거의 전담했다. 1934년 삼균주의를 국시로 한 '대한민국임시정부 건국 강령'을 임시정부 국무회의에서 채택하게 했다. 1948년 4월 남북협상차 평양에 다녀왔고, 12월 방응모, 백홍균, 조시원 등과 사회당을 결성하고 당수가 됐다. 1950년 5·30 총선에 서울 성북구에서 출마하여 제2대 국회에 진출하나, 6·25전쟁으로 서울에서 강제 납북됐다. 1958년 9월 10일 사망했으며 1970년대 말 평양시 신미리에 있는 애국열사릉에 이장됐다. 1989년 건국훈장 대한민국장 수훈.

조정구
1862~1926

조선 후기 문신. 흥선대원군의 둘째 사위로 국권이 피탈되자 일본 정부가 주는 은사금 및 남작의 칭호를 거절하고, 항의하는 의미로 두 차례에 걸쳐 자결을 시도했다. 이후 양주 사릉리에 은둔했고, 1917년에는 금강산 반야암에 은거했다. 1919년 중국으로 망명해 7년 동안 방랑하다가 둘째 아들 조남익의 부고에 귀국했다. 봉선사에 기거하다 사망했다.

조중응
1860~1919
親日

조선 말기 문신, 친일 반민족 행위자. 1907년 이완용 내각의 법부대신으로서 의병장과 오적 암살단에게 중형을 내릴 것을 주장했으며, 7월에는 고종의 강제 퇴위에 앞장서고 정미칠조약 체결에 참여해 지탄을 받았다. 국권피탈에 앞장선 대가로 일제로부터 자작 작위를 받았으며, 중추원 고문에 임명됐다.

조희연
1856~1915
親日

조선 말기 무신, 친일 반민족 행위자. 갑오개혁 때 군국기무처 의원으로 개혁을 주도했고, 제2차 김홍집 내각의 군부대신이 됐다. 국권피탈 후 한일 병합에 기여한 공로를 인정받아 일제로부터 남작 작위를 받고, 조선 총독 자문 기구인 중추원 고문에 임명되나 1915년 채무로 인해 작위 유지가 어렵게 되자 조선총독부의 종용에 따라 작위를 반납했다.

주시경
1876~1914

국어학자. 배재학당 시절 독립신문사에서 서재필의 언문 조필로 있는 중에 철자법을 통일할 목적으로 1896년 국문동식회를 신문사 안에 설립했으나 뜻을 이루지 못했다. 1907년 지석영이 만든 국어연구회의 회원으로 4개월간 활동했고, 같은 해 7월, 학부(지금의 교육부) 내 국문연구소의 주임위원으로 임명돼 3년간 국문 연구안을 작성, 제출, 토의했다. 상동청년학원 안에 개설된 하기(夏期) 국어 강습소 졸업생과 유지를 규합해 1908년 국어연구학회를 조직한 후 2년 동안 이끌었고, 1909년에는 J. S. 게일, 다카하시 등과 한어연구회를 조직했다. 이화학당, 흥화학교, 휘문의숙, 배재학당, 상동교회 내 상동청년학원과 여러 강습소에서 국어 강의를 했고, 많은 제자를 키워냈다. 주시경에게 직간접으로 배운 사람들은 김두봉, 이규영, 최현

배, 김윤경, 권덕규, 신명균 등 550여 명에 달한다.

차도선
?~?

의병장. 1907년 11월 16일 북청군 안산면장 주도익을 암살하고, 홍범도와 산포대를 조직해 의병항쟁을 시작했다. 이후 북청 후치령 등지에서 일본군을 습격했고, 12월 26일에는 삼수읍성을 점령하고 3시간의 격전 끝에 혜산진과 갑산의 수비대를 물리쳤다. 국권피탈 후에는 만주로 건너가 포수단을 조직해 독립운동에 나섰다. 1962년 건국훈장 독립장 수훈.

채기중
1873~1921

독립운동가. 1913년 풍기광복단을 결성하고, 이후 박상진과 협력해 1915년 대한광복회를 조직했다. 채기중은 경상도 책임자였는데 전라도 조직에도 크게 공헌했다. 1917년 대한광복회가 친일 부호 장승원을 처단할 때 직접 작전을 지휘했다. 1918년 일제에 붙잡혀 사형당했다. 1963년 건국훈장 독립장 수훈.

채응언
1883~1915

조선 말기 의병장. 대한제국 육군 보병 부교로 근무하다가 1907년 군대가 강제해산되자 의병 부대에 합류해 평안남도, 강원도, 함경남도 일대에서 활약했다. 국권침탈 후에도 독자적 부대로 경기도, 강원도, 황해도, 평안도, 함경도 등지에서 일제에 대한 무력항쟁을 계속했으며, 1913년 황해도 대동리 헌병파견소를 공격하는 등 여러 차례에 걸쳐 일본 헌병들과 교전을 벌였다. 평안남도 성천군 백년산 일대에서 항일 유격전을 계속하던 중 붙잡혀 평양복심법원에서 사형을 선고받고 1915년 11월 평양 감옥에서 순국하였다. 1962년 건국훈장 독립장 수훈.

최남선
1890~1957
親日

문인, 언론인, 사학자, 친일 반민족 행위자. 1919년 3·1혁명 때는 독립선언서를 작성해 2년 8개월간 복역하기도 했다. 1936년 6월~1938년 3월 조선총독부 중추원 참의를 지냈고, 1937년 2월 9일부터 11일까지 3회에 걸쳐 〈매일신보〉에 '조선 문화의 당면 과제'를 게재했다. 1937년 2월 조선총독부 박물관 건설위원회 위원을 맡았으며, 중일전쟁 발발 후 1938년 4월 만주로 건너가 〈만몽일보〉의 고문이 됐다. 1937년부터 여러 언론에 일본의 전쟁 수행을 지지하는 글을 기고했다. 1941년 8월 흥아보국단 준비위원을 맡았고, 12월 조선임전보국단 발기인이 됐다. 〈매일신보〉를 통해 1943년 11월 5일 자 '보람 있게 죽자', 11월 20일 자

'나가자 청년 학도야', 11월 25일 자 '오직 감력할 뿐', 1944년 1월 1일 자 '아시아의 해방', 1945년 3월 7일 자 '승리엔 젊은이의 힘' 등을 기고했으며, 시국 선전용 대중잡지였던 〈신시대〉에 1943년 '만주 건국의 역사적 유래', 1944년 '성전의 설문' 등의 글을 발표했다. 1943년 11월 일본의 조선인 유학생에 학병 지원을 권유하는 '선배 격려단'에 참여했으며, 같은 달 일본의 조선인 가정 방문과 간담회, 강연회 등을 개최했다. 11월 14일과 20일에는 일본 메이지대학 강당에서 열린 반도출신 출정학도 궐기 대회에서 학병 지원 관련 연설을 했다. 이 밖에 잡지 〈방송지우〉에 1944년 3월 '도의는 이긴다', 4월 '신세계 건설의 도화선', 1945년 1월에는 '특공대의 정신으로 성은에 보답합시다' 등의 글을 발표했다. 광복 후 1949년 2월 반민특위에 체포돼 서대문 형무소에 수감되나 곧 보석으로 풀려나고, 5월 공판을 받았다.

최익현
1833~1907

애국지사. 호는 면암. 불의와 부정을 참지 못하는 강직한 성품이었다. 1873년 대원군의 서원 철폐를 비판하는 상소를 올려 대원군을 하야시키고 고종의 신임을 받았다. 1876년 강화도조약을 결사반대하는 '병자지부복궐소(丙子持斧伏闕疏)'를 올리고, 1895년 을미사변과 단발령을 반대하며 항일척사운동에 앞장섰다. 1905년 을사조약 때 태인에서 궐기하나 체포되고, 쓰시마 섬에서 순국했다. 1962년 건국훈장 대한민국장 수훈.

최재형
1860~1920

독립운동가. 1869년 가족과 함께 연해주로 이주한 후 군수업으로 막대한 부를 쌓았다. 러시아 연해주 얀치혜에서 활동했는데, 한국인을 고용하는 등 한국인들의 경제적 자립에 기여한 덕분에 얀치혜 한국인 사회에서 도헌(군수 정도 되는 공직)에 선출될 정도로 러시아 사회에서의 위치가 높아졌다. 마을에 학교와 교회를 세우는 등 지역 한인들로부터 높은 신뢰와 덕망을 쌓아나갔다. 을사조약 체결 이후 1906년 연해주 남부에서 최초의 의병 부대를 조직했고, 의병 부대를 직접 지휘하거나 이범윤 등과 연합해 무장투쟁을 전개했으며, 1909년에는 전 조선 총독 이토 히로부미 암살 계획에도 참여했다. 1911년 5월 21일, 57명의 주요 항일 인사로 구성된 블라디보스토크 비밀회의에서 애국 단체 권업회가 조직되는데, 초대 회장으로 선출돼 활발한 항일운동을 전개해나갔다. 일본 스파이 혐의로 체포됐다가 나흘 후 방면되는 고초를 겪기도 했다. 1917년 얀치혜 집행위원회 대표로 선출되는가 하면 1919년에는 상하이임시정부 재무부 장관으로 선출되기도 했다. 1918~1920년 내전 시기 동안에는 새로운 빨치산 부대를 조직해 백위파를 지원하는 일본군에 타격을 주었고, 이로 인해 일제의 주요 감시 대상이 됐다. 1920년 4월 5일 새벽, 일본군이 블라디보스토크와 우수리스크 등지에서 동시다발적으로 감행한 학살 만행 과정에서 체포돼 처형됐다. 1962년 건국훈장 독립장 수훈.

한규설
1848~1930

애국지사. 갑신정변 이후 체포된 유길준을 보호해 《서유견문》의 완성을 도와주었다. 1896년 독립협회를 지원했고, 1898년에는 만민공동회의 결과로 탄생한 중추원 의장으로 임명됐다. 1905년 의정부 참정대신으로 을사조약에 반대하며 일제의 감금에도 끝까지 뜻을 굽히지 않았다. 국권피탈 후, 일제가 부여한 남작 작위를 거부했다. 1920년 이상재 등과 조선교육회를 창립해 민립대학 기성회로 발전시켰다.

한정만
1865~1914

의병장. 1907년 한국군 강제해산 이후 황해도 평산에서 의병 부대를 편성하고 중대장이 됐다. 황해도 각지에서 여러 번 싸워 많은 적을 죽이자 일본군들이 크게 두려워했다. 1914년 붙잡혀 사형을 선고받았다. 1980년 건국훈장 독립장 수훈.

한훈
1889~1950

독립운동가. 1906년 홍주에서 민종식이 항일의병을 일으킬 때 홍주성을 점령하는 데 공을 세웠다. 1913년 비밀 항일 결사 광복단을 조직하고, 1915년 광복단을 광복회로 개편, 강화해 군대식 조직으로 편성했다. 1968년 건국훈장 독립장 수훈.

허위
1855~1908

의병장. 호는 왕산. 1907년 고종이 강제 퇴위되고 군대가 해산되자 경기도 연천에서 의병을 일으켰다. 1908년 13도 의병 연합 부대가 창설되자, 이인영이 13도 총대장이 되고 허위는 군사장이 됐다. 서울 진공 작전 때 선두에 서서 동대문 밖 30리 지점까지 진출하나 후원군이 없어 패하고 만다. 경기도 양평군에서 일본군 헌병에게 붙잡혔고, 이후 서대문 감옥에서 51세로 순국했다. 1962년 건국훈장 대한민국장 수훈.

홍범도
1868~1943

독립운동가. 1907년 9월 일제가 총포급화약류단속법을 제정하고 포수들의 총을 회수하자 이에 반발하여 11월 차도선, 태양욱과 산포대를 조직해 의병을 일으켰다. 이후 유격전으로 북청의 후치령, 삼수, 갑산 등에서 일본군을 괴롭혔다. 1910년 소수의 부하를 이끌고 간도로 건너가 차도선, 조맹선 등과 포수단을 조직했고, 1919년 3·1혁명 후 대한독립군을 창설해 수시로 두만강과 압록강을 건너 일본군을 살상하는 전과를 거뒀다. 1920년 5월 간도 대한국민회와 합작해 제1군 사령부를 결성하고 제1사령관에 올라 북로사령부로 개명을 한다. 이후 다시 최진동의 도독부와 통합하여 최진동이 독군부 부장, 안무가 부관, 홍범도가 북로 제1군 사령을 맡았다. 1920년 6월 종성, 삼둔자에서 국경 수비대와 격전을 벌여 120명을 사살했고(삼둔자전투), 일본군이 추격해오자 다시 봉오동으로 유인해 대승을 거뒀다(봉오동전투). 또한 10월에는 청산리에서 김좌진 등과 함께 일본군을 크게 격파하는 청산리대첩의 주역이 됐다. 봉오동전투와 청산리대첩 이후 일본군이 더욱 거세게 추격해오자 북간도 일대의 독립군들은 대한독립군단을 조직했는데, 이때 홍범도가 부총재에 선임됐다. 이후 대한독립군단이 일본군의 추격을 피해 러시아의 자유시로 넘어갔다가 러시아 공산당 사이의 내전에 휘말려 많은 독립군이 죽거나 포로로 잡히는 자유시 참변이 일어났으나 홍범도의 부대는 중립을 지켜 큰 피해를 입지 않았다. 1921년 11월 독립군 부대들이 소비에트 산하 부대로 재편되자 대표 자격으로 레닌과 면담하여 지원을 요청했고, 다음 해 1월 하순에 열린 극동인민대표대회에 한인 대표로 참석했다. 그러나 1922년 일본이 시베리아에서 철수하는 조건으로 소비에트 정부에 독립군 해산을 요구해 더 이상 무장투쟁을 할 수 없게 됐다. 1927년 러시아 공산당에 입당했으나 1937년 스탈린의 한인 강제 이주 정책에 따라 연해주에서 카자흐스탄으로 옮겨 극장 수위로 일하다가 1943년 10월 크슬오르다에서 사망했다. 1962년 건국훈장 대통령장, 2021년 건국훈장 대한민국장 수훈.

홍순형
1858~?

조선 말기 문신. 1893년 황해도 관찰사로 재직 중, 황주에서 백성들이 지주와 향리 등의 횡포에 분노해 민란을 일으키자 난을 이끈 이관석 등을 엄벌에 처한 뒤 귀양 보내는 한편 백성을 괴롭힌 자들 또한 엄벌에 처했다. 1910년 국권피탈 후 일제가 남작의 작위를 주었지만 받지 않았다.

성명회 선언서
(1910년)

　귀貴정부政府도 아시는 바와 같이 성명회는 한국의 합병에 관하여 귀국 정부에 전문을 발송한 바 있습니다. 본
회는 귀국 정부에 누를 끼칠 생각은 추호도 없이 자신의 권리를 정당하게 행사하는 것을 자랑스럽게 생각하며,
귀국 정부의 드높은 호의와 정의감에 호소하면서 다시 한 번 우리의 뜻을 전하여 드립니다. 우리가 감히 귀국 정
부에게 보여 드리고 싶은 한국의 상황은 다음과 같습니다.

　일본은 1876년에 한국과 우호조약을 체결했습니다. 이 조약에 의하면 한국은 독립국가로 인정되고 일본과 똑
같은 권리를 누리게 되어 있습니다. 이 조약과 유사한 조약들이 다른 나라들과도 계속 체결되었습니다.

　청일전쟁과 러일전쟁 동안 일본은 한국의 독립을 보호하겠다고 선언했습니다. 일본인이면 누구나 되풀이해
온 이 선언은 모든 나라에 알려져서 모든 나라들은 일본이 여러 조약에 의해 모든 방법으로 극동의 평화를 유지
하고 자신의 약속들을 파기하지 않고 있는 것으로 알아 왔습니다. 그러나 일본은 약속들을 지키지 않았을 뿐만
아니라, 일본의 행위는 불법적이고 독단적이며 불성실한 것입니다.

　일본은 자신의 목적을 달성하기 위해 그러한 방법이 야기시킬 결과는 생각지도 않은 채 한국의 여론에 무서운
압력을 행사했습니다. 한국에 대한 일본의 행동은 국제법을 유린하는 것이며 배신과 잔인의 낙인이 찍힌 것이었
습니다. 일본과의 조약 체결 이후 일본이 자행한 야만적인 행위들은 헤아릴 수조차 없이 많습니다. 짐승같이 사
나운 일본의 이 잔인한 행동들에 대해서는 다음과 같은 사실을 상기하면 되는 것입니다. 1895년에 일본 공사 미
우라 고로三浦梧樓는 공범자共犯者들과 함께 야밤에 황궁皇宮의 문을 부수고 들어가 우리의 황후皇后를 시해하고 궁
궐에 불까지 질렀습니다. 공포에 질린 황제는 생명을 건지기 위해 러시아 공사관에 파천했습니다. 이 행위가 일
본 정부의 교사敎唆에 의해 저질러졌다는 사실은 모든 사람들에게 상세히 알려져 있습니다. 그 후 미우라 고로 공
사는 일본 정부에 의해 처벌을 받지 않았고, 일본 정부는 단지 황후 시해에 참가한 80명의 일본인들에게 한국을
떠나라고만 명령했습니다. 이렇게 함으로써 일본 정부는 자신의 무죄를 세계 각국에 증명하려 한 것입니다. 우리
황실에 대해 일본인들이 범한 이 행위는 문명의 관념은 조금도 없이 인간이 취할 수 있는 행위 중에서 가장 야만
적이며 가장 무도한 것이 아니겠습니까.

　1905년에 일본 대사 이토 히로부미伊藤博文는 일본군 사령관 하세가와 요시미치長谷川好道와 함께 그들의 군인
들로 황궁을 포위하고 한국 정부의 총리대신總理大臣을 체포했으며, 다섯 개의 조항으로 된 조약에 서명하라고 한
국 황제에게 강요하며, 그들은 자기들의 서명 후 자기들이 옥새玉璽를 찍었습니다. 이 조약은 한국 황실에 신임
장信任狀을 낸 모든 외국 사절들에게 전달되었습니다.

　이러한 행위에 직면하여 한국 황제는 미국인 헐버어트를 각국에 순회시켜 한국 정부가 이와 같은 조약을 일본

과 체결할 의사가 추호도 없었음을 설명하게 했고, 황제는 또 비밀리에 헤이그 국제회의에 사신을 보내 일본이 한국에 비열하고 야만적이며 배신적인 태도로 행동하는 증거를 각국 외교 사절에게 제시하게 했습니다.

이 조약의 영향으로 일본은 지난번에 저지른 죄악을 뉘우치지도 않고 1907년에 한국의 황제를 폐위시키고, 한국 군대를 해산시켰으며, 한국의 관리들을 자신들의 권력 밑에 종속시켰습니다.

이런 이유 때문에 압제에 지친 한국인들은 의병항전義兵抗戰을 시작하여 피를 흘렸습니다. 이리하여 한국에는 평온이 없습니다. 일본인들의 배신과 잔인함에 분노한 한국인들은 분개하고 있습니다.

일본은 비열한 가면을 뒤집어쓴 모습을 나타내고 있습니다. 그들은 한국에 교육을 보급시키고 안락安樂을 도모하겠노라고 모든 사람에게 말하고 있습니다. 그러나 그와는 반대로 그들은 한국 학생들이 국가를 부르는 것을 폐지하고, 체육 교육을 금했으며, 한국의 역사책을 불살라 버리기까지 했습니다. 일본은 한국의 국민교육을 가장 낮은 수준으로 떨어뜨리기 위해서 모든 짓을 다하고 있습니다.

진실을 말하는 사람은 벌을 받고, 진실을 글로 발표하는 사람은 법정에 출두해야 하며, 공포된 문건文件들에 항의하는 사람이나 신사참배神社參拜를 거역하는 사람은 체포당합니다.

한국인들은 글을 쓸 자유나 서로 토론할 자유가 없습니다. 만일 몇 사람이 모이면 즉시 체포당합니다. 만일 몇 사람이 같이 앉아 있으면 같은 방법으로 해산시켜 버립니다.

일본인들은 한국인들을 억압하고 있습니다. 그들은 한국인들이 국민에게 유익한 단체를 조직하려고 하면 가장 소규모의 단체라도 만들지 못하게 합니다. 그들은 개인의 편지까지 뜯어 보고, 손과 발을 묶고, 한국인이 국경을 넘는 것을 금하고 있습니다. 그들은 한국인을 협박과 폭력으로 억압하고 있습니다. 그들은 생존에 가장 가혹한 조건들을 한국인들에게 강요하고 있습니다.

열렬한 애국자들은 교수형에 처해지거나 쇠사슬에 얽매이게 됩니다. 그들은 돈과 협박과 폭력으로 최하층민들 중에서 수천 명을 매수하여 일진회一進會라 부르는 단체를 만들었습니다. 이 단체는 일본을 위해 일하고 있습니다. 이렇게 해서 일본인들은 온 세계를 속이고 있습니다. 이것은 배신이고 야만이며 잔인한 노릇입니다. 일본의 불법성과 폭력보다 더 해로운 것은 이 세상에 없을 것입니다. 일본인에 대한 증오감과 복수욕이 한국인들의 가슴속에서 불탈수록 애국심은 그들의 가슴속에 커져 가고 있습니다. 일본 군대와 경찰이 지나간 곳은 어디에나 황폐뿐입니다. 그들은 마을들을 불태우고, 죄인을 찾을 수 없을 때에 일반인들이 혐의를 받게 됩니다. 이러한 수단 때문에 국토는 한국인들의 해골로 덮여 있습니다. 만일 어떤 사람이 혐의를 받게 되면 그에게는 가장 잔인한 형벌이 주어지며, 재판관 앞에서 자신의 무죄를 밝힐 권리가 박탈됩니다. 일본 이주민移住民들은 폭력·협박·비열성卑劣性·불법을 자행하여 평화스러운 한국인들로부터 재산을 빼앗고 있습니다. 그러나 이러한 행동에 대해 일본 정부는 주의를 기울이지 않고 있습니다. 일본 정부의 이런 태도는 비우호적이고 잔인하며 비열한 배신 행위인 것입니다.

이제 귀국 정부는 일본이 통보한 '합병'을 알았을 것입니다. 우리의 파멸이 더욱 완전한 것이 되도록 하려고 일본은 한국 국기國旗와 한국 황실을 없애 버렸습니다.

일본은 한국을 식민지로 바꾸었습니다. 일본은 한국 황제에 대해 일본 황실에 부여한 것과 같은 예우를 하며 한국 정부에는 사내정의寺內正毅를 총독으로 임명한 것입니다. 이보다 더 비열하게 행동할 수 없는 것입니다. 이런 행동은 이 세계에서 볼 수 있는 가장 비열하고 가장 배신적이며, 가장 무도無道한 행동인 것입니다.

한국인들은 일본과 투쟁하기 위해서 한국인의 책임을 다할 것이며, 한국인의 모든 힘과 수단을 다할 것입니다. 이 목적을 위해서 한국인은 일본에 항의문을 발송하고, 성명회, 한국국민회를 조직했습니다. 한국인은 세계 속에서 대한국大韓國의 이름을 간직하고 한국인은 한국인이라는 지위를 계속 간직하기로 결정했습니다.

한국인의 과업이 아무리 어려운 것이라 할지라도 한국인의 자유에 도달할 때까지 손에 무기를 들고 일본과 투쟁할 것을 각오하고 있습니다.

본회는 단호히 행동하기로 결정했습니다. 우리는 귀국 정부가 한국인이 '합병'을 원하고 있다고 생각하기를 원치 않습니다. 우리는 귀국 정부가 우리 국민 중에서 쓰레기들인 몇몇 간사한 한국인 부랑자들 때문에 속았다는 사실을 알게 되기를 원합니다.

한국인은 다시 한 번 귀국 정부가 한국의 이 특수한 사정을 국제법에 의해 판단하고, 정의와 인간 본성의 원칙에 의해 행동하며, 일본에 의한 한국 '합병'을 반대할 것을 청하는 바입니다. 한국인은 힘으로 빼앗으려는 행위를 귀국 정부가 존중하도록 하거나, 세기 초에 그런 범죄가 문명의 역사를 말살하려는 것을 귀국 정부가 용납하지 않으리라고 감히 희망하는 바입니다.

한국인을 옹호해 주십시오. 한국인을 옹호함으로써 귀국은 권리와 정의를 옹호하게 되는 것입니다. 한국인을 수호해 주십시오. 한국인을 수호함으로써 귀국은 오랜 친구를 구원하게 되는 것입니다. 귀국 정부에게는 이것이 영광과 명예가 될 것입니다. 귀국이 불의를 두둔하기 위해 수 세기 이래로 귀국의 명예와 영광을 이루고 있는 원칙들을 포기하지는 않기를 희망하는 바입니다.

무슨 일이 닥치더라도 진정한 국민인 한국인은 자신의 자유를 획득하기 위해 죽을 각오가 되어 있습니다.

성명회聲明會(한국국민회韓國國民會)
한국일반인민총대韓國一般人民總代 유인석柳麟錫

조선총독부관제

(1910년 9월 30일 칙령 제354호)

제1조 조선총독부에 조선 총독을 둔다.

　　총독은 조선을 관할한다.

제2조 총독은 친임하고 육해군 대장을 여기에 임명한다.

제3조 총독은 천황에 직속되어 위임의 범위 내에서 육해군을 통솔하고 조선 방비의 일을 담당한다.

　　총독은 모든 정무를 통괄하고 내각총리대신을 거쳐서 상주하여 재가를 얻는다.

제4조 총독은 그 직권 또는 특별한 위임에 의해서 조선총독부령을 발하고 1년 이하의 징역, 금고, 구류, 200원

　　이하의 벌금이나 과태료의 벌칙을 부여할 수 있다.

제5조 총독은 소속 관청의 명령 또는 처분이 규제에 어긋나 공익을 해하거나 권한을 넘어선다고 판단되는 경

　　우에 그 명령이나 처분을 취소·정지할 수 있다.

제6조 총독은 소속 부서의 관리를 지휘·감독하고 주임의 진퇴는 내각총리대신을 거쳐 상주하고, 판임문관 이

　　하의 진퇴는 전행專行한다.

제7조 총독은 내각총리대신을 거쳐서 각부 문관의 서위·서훈을 상주한다.

제8조 총독부에 정무총감을 둔다.

　　정무총감은 친임한다.

　　정무총감은 총독을 보좌하고 부의 업무를 총괄하여 각 부국의 사무를 감독한다.

제9조 총독부에 관방 및 아래의 5부를 둔다.

　　　　총무부

　　　　내무부

　　　　탁지부

　　　　농상공부

　　　　사법부

제10조 총무부에 인사국·외사국·회계국, 내무부에 지방국·학무국, 탁지부에 사세국·사계국, 농상공부에 식

　　산국·상공국을 둔다.

　　관방, 각부 및 각국의 사무 분담은 총독이 정한다.

제11조 총독부에 아래의 직원을 둔다.

　　　　장관 5인 칙임

　　　　　국장 9인 칙임 또는 주임

　　　　　참사관 전임 2인 주임(1인을 칙임으로 할 수 있음)

　　　　　비서관 전임 2인 주임

　　　　　서기관 전임 19인 주임

　　　　　사무관 전임 19인 주임

　　　　　기사 전임 30인 주임(2인을 칙임으로 할 수 있음)

　　　　　통역관 전임 6인 주임

　　　　　속·기수·통역생 전임 337인 판임

제12조 장관은 각부의 장이 되어 총독과 정무총감의 명에 따라 부의 업무를 맡아 관리하고 부하 관리를 지휘
　　　　감독한다.

제13조 국장은 상관의 명에 따라 국의 업무를 맡아 관리한다.

제14조 참사관은 상관의 명에 따라 심의 입안을 맡거나 각 부국의 사무를 보조한다.

제15조 비서관은 총독의 명에 따라 기밀에 관한 사무를 담당한다.

제16조 서기관은 상관의 명에 따라 부의 업무를 담당한다.

제17조 사무관은 상관의 명에 따라 부의 업무를 보조한다.

제18조 기사는 상관의 명에 따라 기술을 담당한다.

제19조 통역관은 상관의 명에 따라 통역을 담당한다.

제20조 속, 기수, 통역생은 상관의 지휘에 따라 서무, 기술, 통역에 종사한다.

제21조 총독부에 총독부 무관 2인과 전속부관 1인을 둔다.

　　　　　총독부 무관은 육해군 소장이나 좌관으로 한다.

　　　　　총독부 무관은 참모가 된다.

　　　　　부관은 육해군 좌·위관으로 한다.

　　　　　총독부 무관과 부관은 총독의 명에 따라 사무에 복무한다.

〈 부칙 〉

본령은 1910년 10월 1일부터 시행한다.

1910년 칙령 제319호는 그 관위·학교에 관한 것을 제외한 나머지를 폐지한다.

대통령소속 친일반민족행위진상규명위원회, 《친일반민족행위관계사료집 1》, 2007.

한국독립운동사편찬위원회,《한국독립운동의 역사》(전60권), 2007.
친일인명사전편찬위원회,《친일인명사전》(전3권), 민족문제연구소, 2009.

이이화,《이이화의 한국사이야기》(19~22권), 한길사, 2003.
조정래,《아리랑》(1~10권), 해냄, 2014.
강준만,《한국 근대사 산책》(6~10권), 인물과사상사, 2008.
주진오, 박찬승 외,《고등학교 한국사》, 천재교육, 2014.
도면회, 이건홍 외,《고등학교 한국사》, 비상교육, 2014.
한철호, 김시승 외,《고등학교 한국사》, 미래앤, 2014.
주진오, 신영범 외,《고등학교 한국근현대사》, 중앙교육진흥연구소, 2011.
전국역사교사모임,《살아있는 한국사 교과서 2》, 휴머니스트, 2012.
김육훈,《살아있는 한국 근현대사 교과서》, 휴머니스트, 2007.
전국역사교사모임,《살아있는 세계사 교과서 2》, 휴머니스트, 2005.
류시현 외,《미래를 여는 한국의 역사 5》, 웅진지식하우스, 2011.
박은봉,《사진과 그림으로 보는 한국사 편지 5》, 웅진주니어, 2003.
박찬승,《한국 근현대사를 읽는다》, 경인문화사, 2014.
교과서포럼,《대안교과서 한국근·현대사》, 기파랑, 2008.
역사교육연대회의,《뉴라이트 위험한 교과서 바로 읽기》, 서해문집, 2009.
이규헌,《사진으로 보는 독립운동》(상, 하), 서문당, 2000.
신기수 엮음,《한일병합사 1875-1945》, 눈빛, 2009.
염복규 외,《아! 그렇구나 우리 역사 13》, 여유당, 2011.
한국근대현대사학회,《한국독립운동사강의》, 한울아카데미, 2007.
박찬승,《한국독립운동사》, 역사비평사, 2014.
최익현 외,《원문 사료로 읽는 한국 근대사》, (이주명 편역), 필맥, 2014.
박은식,《한국통사》, (김태웅 역해), 아카넷, 2012.
박은식,《한국독립운동지혈사》, (김도형 역), 소명출판, 2009.
강만길,《한국사회주의운동 인명사전》, 창비, 1996.
임경석,《한국 사회주의의 기원》, 역사비평사, 2003.
장영숙,《고종 44년의 비원》, 너머북스, 2010.
오영섭,《고종황제와 한말의병》, 선인, 2007.
임종국,《실록 친일파》, 돌베개, 1991.
정운현,《친일파는 살아있다》, 책보세, 2011.
한홍구,《대한민국사 2》, 한겨레신문사, 2003.
고석규 외,《역사 속의 역사읽기 3》, 풀빛, 1997.
이호룡,《한국의 아나키즘》, 지식산업사, 2015.

김삼웅,《서대문형무소 근현대사》, 나남, 2000.

정혜경,《징용 공출 강제연행 강제동원》, 선인, 2013.

김동진,《1923 경성을 뒤흔든 사람들》, 서해문집, 2016.

님 웨일즈 외,《아리랑》, (송영인 역), 동녘, 2005.

조한성,《한국의 레지스탕스》, 생각정원, 2013.

이재갑,《한국사 100년의 기억을 찾아 일본을 걷다》, 살림출판사, 2011.

김육훈,《민주공화국 대한민국의 탄생》, 휴머니스트, 2012.

한일공통역사교재 제작팀,《한국과 일본 그 사이의 역사》, 휴머니스트, 2012.

유용태 외,《함께 읽는 동아시아 근현대사 1》, 창비, 2010.

염인호,《조선의용군의 독립운동》, 나남, 2001.

김성호,《1930년대 연변 민생단사건 연구》, 백산자료원, 1999.

박청산,《연변항일유적》, 연변인민출판사, 2013.

전광하 박용일 편저,《세월속의 용정》, 연변인민출판사, 2002.

황민호,《일제하 만주지역 한인사회의 동향과 민족운동》, 신서원, 2005.

김효순,《간도특설대》, 서해문집, 2014.

한일관계사연구논집 편찬위원회,《일제 식민지지배의 구조와 성격》, 경인문화사, 2005.

한일관계사연구논집 편찬위원회,《일제 식민지배와 강제동원》, 경인문화사, 2010.

신용하,《일제 식민지정책과 식민지근대화론 비판》, 문학과지성사, 2006.

전상숙,《조선총독정치 연구》, 지식산업사, 2012.

나가타 아키후미,《일본의 조선통치와 국제관계》, (박환무 역), 일조각, 2008.

수요역사연구회,《식민지 동화정책과 협력 그리고 인식》, 두리미디어, 2007.

임종국,《친일문학론》, 민족문제연구소, 2013.

엄만수,《항일문학의 재조명》, 홍익재, 2001.

연변대학교 조선문학연구소,《항일가요 및 기타》, 보고사, 2007.

김희영,《이야기 일본사》, 청아출판사, 2003.

앤드루 고든,《현대일본의 역사2》, (문현숙 외 역), 이산, 2015.

나리타 류이치,《다이쇼 데모크라시》, (이규수 역), 어문학사, 2012.

가토 요코,《만주사변에서 중일전쟁으로》, (김영숙 역), 어문학사, 2012.

요시다 유타카,《아시아 태평양전쟁》, (최혜주 역), 어문학사, 2012.

박경희,《일본사》, 일빛, 1998.

야마다 아키라,《일본, 군비확장의 역사》, (윤현명 역), 어문학사, 2014.

위톈런,《대본영의 참모들》, (박윤식 역), 나남, 2014.

이규수,《일본 제국의회 시정방침 연설집》, 선인, 2012.

W. G. Beasley,《일본제국주의 1894-1945》, (정영진 역), 한국외국어대학교출판부, 2013.

야마무로 신이치,《키메라 만주국의 초상》, (윤대석 역), 소명출판, 2009.

김창권,《일본 관동군 731부대를 고발한다》, 나눔사, 2014.

이시와라 간지,《세계최종전쟁론》, (선정우 역), 길찾기, 2015.

김희영,《이야기 중국사 3》, 청아출판사, 1986.

조관희,《조관희 교수의 중국현대사 강의》, 궁리출판, 2013.

김명호,《중국인 이야기》(1~4권), 한길사, 2012.

헬무트 알트리히터,《소련소사》, (최대희 역), 창비, 1997.

박노자,《러시아 혁명사 강의》, 나무연필, 2017.

케빈 맥더모트 외,《코민테른》, (황동하 역), 서해문집, 2009.

폴 콜리어 외,《제2차 세계대전》, (강민수 역), 플래닛미디어, 2008.

김구,《원본 백범일지》, 서문당, 2001.

김상구,《김구 청문회》(전1~2권), 매직하우스, 2014.

한시준,《김구》, 역사공간, 2015.

정병준,《우남 이승만 연구》, 역사비평사, 2005.

김상구,《다시 분노하라》, 책과나무, 2014.

김삼웅,《몽양 여운형 평전》, 채륜, 2015.

김삼웅,《약산 김원봉 평전》, 시대의창, 2008.

안재성,《박헌영 평전》, 실천문학사, 2009.

이호룡,《신채호 다시 읽기》, 돌베개, 2013.

김명섭,《이회영》, 역사공간, 2008.

이준식,《김규식》, 역사공간, 2014.

김도훈,《박용만》, 역사공간, 2010.

권기훈,《김창숙》, 역사공간, 2010.

김영범,《윤세주》, 역사공간, 2013.

김인식,《중도의 길을 걸은 신민족주의자》, 역사공간, 2006.

김병기,《김동삼》, 역사공간, 2012.

신주백,《이시영》, 역사공간, 2014.

김경일,《이재유 나의 시대 나의 혁명》, 푸른역사, 2007.

조문기,《조선혁명군 총사령관 양세봉》, (안병호 역), 나무와숲, 2007.

유순호,《김일성 평전》(상), 지원인쇄출판, 2017.

로버트 스칼라피노, 이정식,《한국 공산주의운동사》, (한홍구 역), 돌베개, 2015.

최백순,《조선공산당 평전》, 서해문집, 2017.

신용하,《신간회의 민족운동》, 지식산업사, 2017.

박찬승 외,《조선총독부30년사》(중, 하), 민속원, 2018.

최웅, 김봉중,《미국의 역사》, 소나무, 1997.

김호준,《유라시아 고려인, 디아스포라의 아픈 역사 150년》, 주류성, 2013.

조한성,《해방 후 3년》, 생각정원, 2015.

이영훈,《반일 종족주의》미래사, 2019.

김종성,《반일 종족주의, 무엇이 문제인가》, 위즈덤하우스, 2020.

호사카 유지,《신친일파》, 봄이아트북스, 2020.

일본역사학연구회,《태평양전쟁사 1》, (아르고인문사회연구소 외 편역), 채륜, 2017.

제프리 주크스 외,《제2차세계대전》, (강민수 역), 플래닛미디어, 2008.

이덕일,《잊혀진 근대, 다시 읽는 해방전사》, 역사의아침, 2013.

와다 하루끼,《와다 하루끼의 북한 현대사》, (남기정 역), 창비, 2014.

박시백의 일제강점사

35년 1

박시백 글·그림

초판   1쇄 발행일 2018년 1월 2일
개정판 1쇄 발행일 2024년 10월 7일

발행인 | 한상준
편집 | 김민정·손지원·최정휴·김영범
디자인 | 김경희·양시호
마케팅 | 이상민·주영상
관리 | 양은진

발행처 | 비아북(ViaBook Publisher)
출판등록 | 제313-2007-218호(2007년 11월 2일)
주소 | 서울시 마포구 월드컵북로 6길 97(연남동 567-40) 2층
전화 | 02-334-6123 전자우편 | crm@viabook.kr 홈페이지 | viabook.kr

《35년》편집위원
차경호(대구시지고등학교 역사 교사)
김정현(김해고등학교 역사 교사)
김종민(천안쌍용고등학교 역사 교사)
남동현(대전가오고등학교 역사 교사)
문인식(충남기계공업고등학교 역사 교사)
박건형(대전도시과학고등학교 역사 교사)
박래훈(고흥포두중학교 교장)
오진욱(청주용암중학교 역사 교사)
정윤택(서라벌고등학교 역사 교사)

ⓒ 박시백, 2024
ISBN 979-11-92904-92-4 04910

개정판 출간에 도움을 주신 분

∙∙∙∙∙∙∙∙∙∙∙∙∙∙∙∙∙∙∙∙∙∙∙∙∙∙∙∙∙∙∙∙∙∙∙∙

강보경 · 강용준 · 강주민 · 강준혁 · 고사리 · 고효빈 · 구서연 · 구자영
권수현김정은 · 권지민 권지안 · 금동혁 · 기은서 · 김가연 · 김관우
김근성 · 김기훈 · 김다희 · 김덕래 · 김도경 · 김도경 박시연 · 김동률
김문정 · 김민수 · 김민지 · 김민철 · 김병인 · 김병준 · 김병준(wn)
김빛나 · 김상혁 · 김석환 · 김선율 · 김성락 · 김세건 · 김세원 · 김수진
김시준지한 · 김영식 · 김영일 · 김영철 · 김예준 · 김완 · 김왕미 · 김윤아
김이루고 · 김인택 김하윤 · 김일동 · 김재연 · 김정욱 · 김종혁 · 김준성
김준휘 · 김채연 · 김철순 · 김태준 · 김태형 바오로 · 김하윤 · 김해숙
김현정 · 김현제 · 김현호 · 김홍래 · 김효진 · 김흙 · 김희원 · 나무와 솔
남기현 · 남미경 · 남창섭 · 내꿈은냥집사 · 대한독립만세 이성근
드니파파 · 또자혀니 · 라라레오 · 래아래오 · 로즈마리 추 · 류북
류성문 · 무아 조대학 · 문민기 · 문영수 · 문재성재원재윤 · 박덕봉
박미영 · 박민찬 · 박서진 · 박선희(1) · 박선희(2) · 박소라 · 박순만
박승길(신비한길) · 박언희 · 박영신 · 박원기 · 박유안 · 박윤채 박윤찬
박의수박민호우리집꼭 · 박재웅그린김민지 · 박정귀 · 박준석 · 박준영
박진명 · 박진성 · 박진우 · 박찬곤 · 박태준웅 · 방주희 · 방진규 · 배은선
백동현 · 백민재 · 백순옥 · 백인기 · 벽을두지말자 · 변가원 · 浮雲 이대성
샘터지기 · 서문홍 · 서영진 · 서유진 · 석락희 · 석인은재해인 · 선미
성기남 · 성명아 · 손영걸 · 손원재 · 송선형 · 송승곤이혜진 · 송암 조창우
송은희 · 송이안(제주아라동) · 송재원 · 송준영 · 송지호 · 수연수근
시연/민재 · 시율민율 대한독립 · 시은다은 · 시후이준엄마 · 신미경
신성하 · 신예원 · 신유리 · 신혜리 · 실비황윤호성 · 쏠선생 · 안나리